山西
文化记忆

尘烟里的故园

丛书主编 杜学文

李 玉 著

山西出版传媒集团　山西教育出版社

山西文化记忆

编委会主任	王爱琴　陈建祖
编委会委员	(按姓氏笔画排序)
	杜学文　杨茂林　张　晴　张锐锋
	赵永强　赵晓春　郭叔增
丛书主编	杜学文
撰　　稿	(按姓氏笔画排序)
	王　芳　边云芳　朱伊文　李　玉
	李云峰　赵　平　高迎新　谢红俭
丛书题签	陈巨锁
图片提供	王广湖　兰　华　任五刚　李云峰　李爱国
	尚建周　杨　东　饶二保　贺贵军　贺子毅
	武　涛　武普敖　郭昊英　袁莉芳　徐劲松
	高　智　高江涛　席九龙　陶富海　梁　铭
	崔　璨　谢子菲　薛　欢　魏新生
	国家文物局
	八路军太行纪念馆
	平型关大捷纪念馆
	晋绥边区革命纪念馆
	右玉县文化旅游局
	洪洞大槐树寻根祭祖园
	视觉中国

序

溯源文化记忆，讲好山西故事

山西省文化和旅游厅厅长 王爱琴

经过大家的努力，"山西文化记忆"丛书就要面世了，这是一件好事。在这里我首先要祝贺这套丛书的出版，它为广大读者了解山西，了解我们祖国悠久灿烂的文化，提供了一个崭新的窗口。

"山西文化记忆"是山西于2022年启动的一项旨在宣传山西地域的历史文化，梳理中华文明发展进程中依然存留在世的文化资源，向社会推广、普及中华优秀传统文化的重点工作。项目启动后，聘请在相关领域有较深造诣的同志组成专家组，在各地申报的基础上，按照历史文化价值、市场开发程度、社会影响力等几个方面，坚持正确导向，进行反复论证，投票推选出预选项目，在网络媒体向社会征集意见，总共获得了530余万选票，短视频播放量突破300万，显示出社会对此项活动的关注与支持。之后，由专家组结合线上点击情况进一步研究论证，评出首批山西文化记忆项目32项。这些项目以文化遗产、文化景观与非物质文化遗产为主，涵盖古代历史，兼顾现当代，覆盖山西11个地市，较为典型地展现了山西悠久的历史与深厚的文化底蕴，引起了省内外各界的关注，对提升山西文化影响力，增强我们的文化自信，促进文化与旅游融合，推动新兴文旅产业的发展，具有非常重要的意义。

山西表里山河，地处黄土高原，在中华文明的形成与发展中具有极为重要的地位，保留的各类文化遗存也极其丰富，具有典型意义。在距今五六千年的时候，中华大地满天星斗，各地都出现了文明的火花，有些已经演进成为典型的文明形态。根据考古研究，诸如红山文化、大汶口文化、良渚文化、陶寺文化等在当时都具备了文明形成的相关条件，与古籍的记载相应，是中华文明形成、融合、演变的实证。而诸如双槐树遗址、石峁遗址、三星堆遗址等重要遗址揭示的文化形态，生动地显示出中华文明形成与演变的历史。山西地域，特别是汾河流域具有极为独特的意义，是中华文明总根系中的直根系。山西不仅发现了人类即将形成时期的高等灵长类动物曙猿化石，也发现了人类最早使用火的实证。距今大约243万年以来人类发展历程的各个环节在山西都有重要的文化遗存存世，这可以生动地显示出中华文明孕生、形成、发展与演变的全过程。

根据史籍记载，以及考古研究，山西的历史文化大致具有这样一些特征。一是系统性，能够完整地显示出人类在山西地域乃至中华地域的演变发展，体现出突出的连续性特性；二是典型性，许多文化现象是中华文明的典型代表，如西侯度遗址、丁村遗址、许家窑遗址、峙峪遗址、下川遗址，以及西阴遗址、陶寺遗址等，还有诸如佛光寺、应县木塔、悬空寺、永乐宫，以及平遥古城、云冈石窟、五台山这些世界文化遗产等，都是中华文明不同时期、不同类型的代表；三是稀缺性，许多文化遗存具有独特的文化意义，甚至具有唯一性，如丁村遗址发现的人骨化石、佛光寺东大殿的唐代木构建筑、永乐宫的壁画，以及武乡八路军太行纪念馆展示的根据地军民抗战史等。它们生动地证明了文明进程中的某一历史或历史现象、历史环节，显示出山西地域丰富的文化形态及其重要的文化价值。我们希望通过开展"山西文化记忆"项目的推选、宣传，使山西的历史文化被社会进一步了解，其文化意义进一步彰显，文化的"记忆"进一步深刻，山西的文化形象也进一步光大。

"山西文化记忆"丛书共4册，对32个项目进行了介绍。经过山西教育出版社的同志与各位作者的努力，这些文字将要与读者见面了。这套丛书图文并茂，可读可看，形象生动，对各项目的介绍避免了简单化、概念化，既体现出严谨的学术品格，又融入了作者个人的思考、感受、想象，学术性与文学性有机统一，显现出极为生动自然的风格。也正由此，这套丛书具有了与其他图书不同的特点，更追求学术的严谨认真，更为好读，更具吸引力，容易被读者接受。

山西拥有丰富的历史文化资源，如何把资源转化为活力，开创山西文化旅游发展的新局面，是我们要思考和解答的重要课题。新时代新征程上，我们要以习近平文化思想为指引，切实担负起新的文化使命，坚持守正创新，保护好、传承好、利用好历史文化遗产，有力推动中华优秀传统文化的创造性转化、创新性发展，赓续历史文脉、谱写当代华章，讲好中国故事、山西故事。山西省委、省政府高度重视文化和旅游融合发展，坚持以文塑旅、以旅彰文，挖掘文化内涵，推动活化利用，做好文化、文物、文创文章，围绕引导融合发展方向、优化产业发展环境、激发文旅消费潜力、规范市场秩序等相继出台了一系列政策举措，有力健全了现代文化和旅游融合发展的产业体系和市场体系，为奋力谱写中国式现代化山西篇章注入了强大文化力量。

　　山西是一片历史悠久的土地，也是一片充满魅力、蕴藏着巨大活力的土地。相信大家能够通过这套丛书，对山西有更多的了解，从而对我们的中华文明有更深入的体认。也希望大家能够多来山西，更好地体验山河之壮阔、文明之灿烂、人文之厚重、明天之美好。

目录

壶口瀑布

百尺黄瀑铸族魂 _002

世界最大的黄色瀑布，以"天下黄河一壶收"的气势，成为中华民族不屈不挠、自强进取的精神象征，激励着一代又一代中华儿女披荆斩棘、踔厉奋发、笃志前行。是音乐史诗《黄河大合唱》的灵感之源。

解州关帝庙

赤面赤心，护国佑民 _032

天下关庙之祖，武庙之冠，华人关圣信俗溯源之地。世界上现存规模最大的关公文化建筑群，中华优秀传统文化"忠、义、仁、勇"最具凝聚力的精神标识。

雁门关

劫波渡尽，雁门关上恩怨泯 _062

天下九塞，雁门为首。是中国长城重要关隘之一。中国古代规模宏大的军事防御工程，被誉为"中华第一关"。是中原地区与北方少数民族地区农牧交错带的标志性要塞，民族融合的重要见证。广为流传的杨家将传奇故事是雁门关边塞文化的重要构成。

洪洞大槐树

遥远的大槐树 _098

明代大移民故事的实址。海内外华人寻根祭祖的精神家园。是汉民族"根祖文化"的重要赓续链，中国传统文化与当代社会内涵相契合的生动标识。

寒食节·绵山

看不够的绵山　说不清的介子推 _126

春秋时期介子推隐居绵山，义不受封，因此形成了传统节日寒食节。是中国民间传统忠孝文化的重要习俗，中华儿女追忆先贤、自励自省的典型承载。绵山也由此成为中国清明节（寒食节）文化发源地。

赵氏孤儿·藏山

藏得下孤儿，藏不住悲伤 _158

藏山是中国忠义文化的历史传说赵氏孤儿故事的发生地。是中国故事转化为人类故事的典范。欧洲启蒙运动时期包括伏尔泰在内的思想家、艺术家以此为蓝本创作出一批脍炙人口的舞台艺术作品，是世界戏剧艺术史的中国式经典母题。

山西杏花村汾酒

有酒方成宴，无汾不欢席 _184

中国白酒鼻祖，中华酒文化的源头，清香型白酒的最佳代表。唐代大诗人杜牧的名句"借问酒家何处有，牧童遥指杏花村"，让杏花村汾酒家喻户晓，名贯古今。

山西老陈醋

人生百味一缸融 _214

中国国家地理标志产品，素有"天下第一醋"之美誉。三晋饮食文化中最具识别性的品牌，"山西味道"的生动代言。因其对酿造业和醋文化的特殊贡献以及三晋父老对其的热爱，"老醯儿"成为人们对山西人的独特指称。

后记 _242

历史来路 时光剪影

壶口瀑布

百尺黄瀑铸族魂

鸿蒙初辟，天地始分。爰山岳之赋形，有大河之东奔。浩浩汤汤，汹涌不羁。至禹冀忽丕变，振横亘而挺立；束宽流成大瀑，注龙槽为洪漪。庄子所谓"悬水三十仞，流沫四十里"者，实即此壶口也……须春至燕来，桃汛汗漫；夏逢悭雨，清流柔纤；秋届灌河，浪击紫岸；冬临冰封，雪肌玉面。叹周年之景殊，喜四时之变幻；引无数风流人物，咏壶口竞做折腰诗仙。

——当代作家冯彦山《壶口赋》

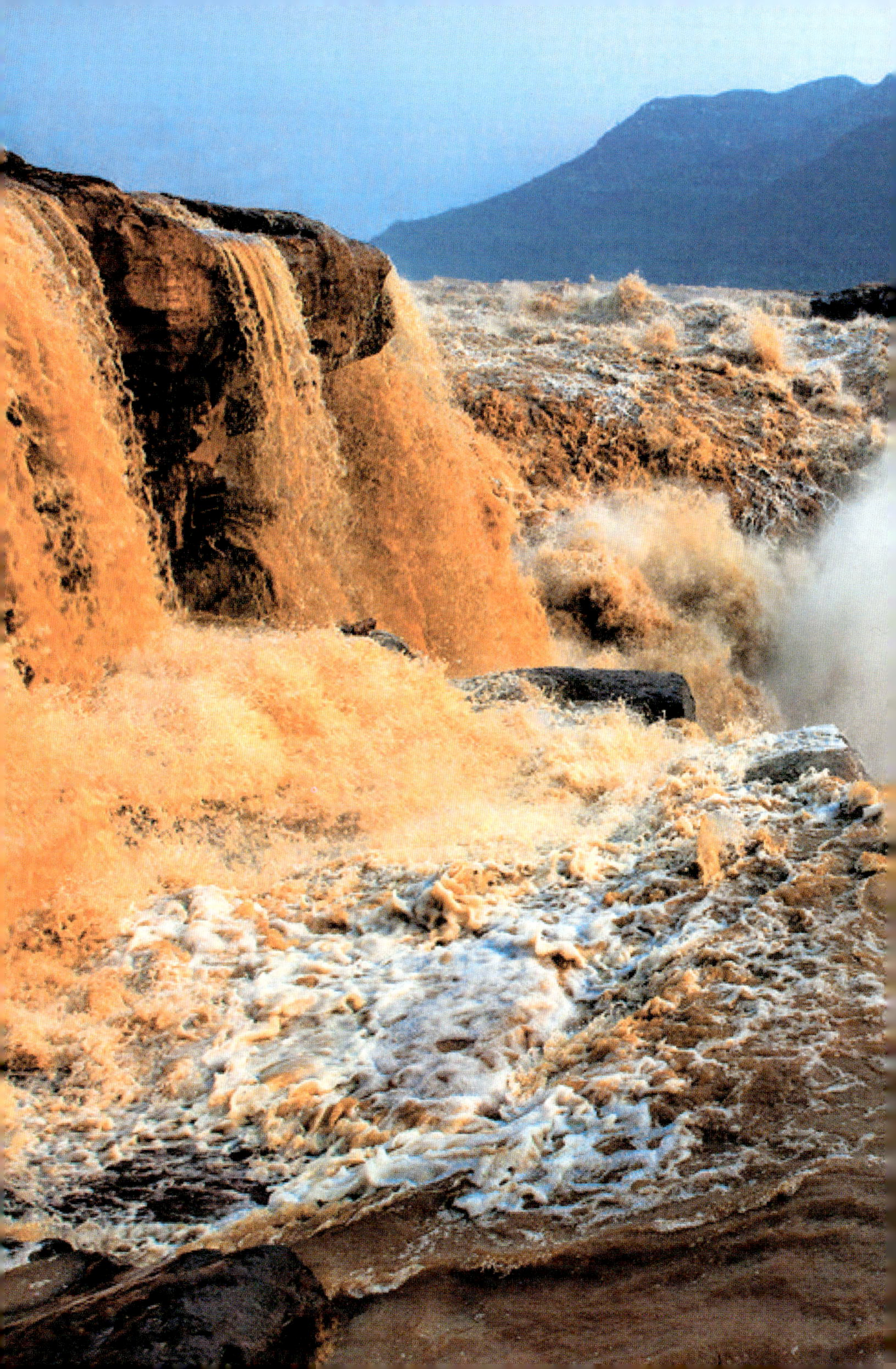

很久很久前的一天，一条大河岸边。

不知道那一天在什么季节，也不知道那一天是什么天气，当然也不知道那一天在哪一年。但我无比确信，一定存在"那一天"。

那一天的大河，无边无际。很久很久以后，人们形容这景象是"汤汤洪水方割，浩浩怀水襄陵"。

河边渐渐地来了一群人，黑压压地，遮蔽了河岸的山脊线，举着各种各样的工具，好像山上层叠的树木。领头的是一个黑瘦的汉子，他看着浩荡的河水，指着河中央凸起的如山巨石，说："就是它，阻碍了河水。我们要凿开它舒泄河水，还天下一个安宁。来吧，动手！"

那一天，本也没什么出奇。但那一天，是历史的开始。

在那一天，在那个地方，一个叫大禹的人率领百姓开始了13年治水的浩大工程，也开启了一个民族、一个国家的伟大征程。

河曰黄河，地在壶口。

中国之有国家，是从壶口开始的

马克·艾萨克在《世界洪水故事》中统计，全球共181个国家和民族有洪水神话流传。这可能是因为文明发端之初，为了生产和生活，先民都必须居住在水量充足的河、湖边。但也因此，他们常常遭受水患困扰，一次洪水就可能让数年的积累化为乌有。甚至，必然有许多部落、族群因此遭受灭顶之灾。这些恐怖的故事就这样流传下来，成为人类幼年期的集体记忆。

虽然如此，中外的洪水神话依然显示出很大的不同。在国外的洪水神话中，一般是等大水自然退去，然后人类重新繁衍，文明再度萌发。但在中国的神话故事中，无论是神还是具有神性的人，都展现出和大自然抗争的勇气，不会任由洪水肆虐。如《淮南子·览冥训》中女娲补天的故事：

> 往古之时，四极废，九州裂，天不兼覆，地不周载；火爁炎而不灭，水浩洋而不息；猛兽食颛民，鸷鸟攫老弱。于是女娲炼五色石以补苍天。断鳌足以立四极，杀黑龙以济冀州，积芦灰以止淫水。苍天补，四极正，淫水涸，冀州平，狡虫死，颛民生。

而更广为人知的故事是"大禹治水"。《淮南子》里说，当大禹之时，"龙门未开，吕梁未凿。河出孟门之上，大溢逆流，无有丘陵高阜灭之，名曰洪水"。——这是"洪水"的原义，其后才指称所有给人带来灾难的泛滥的大水。相对于女娲，大禹虽然也有种种神异，但他被我们认为是真实的历史人物，充分体现了古代中国"神话历史化、历史神话化"的特点。西汉司马迁作《史记》，抛弃了其他古籍中种种神异的说辞，详细介绍了大禹治水的历程：

> 禹乃遂与益、后稷奉帝命，命诸侯百姓兴人徒以敷土，行山表木，定高山大川……陆行乘车，水行乘船，泥行乘橇，山行乘檋。左准绳，右规矩，载四时，以开九州，通九道，陂九泽，度九山……

司马迁说，"禹行自冀州始"，又说"既载壶口，治梁及岐"。这段话引自战国时成书的《禹贡》，历来较为通行的解释即治水从壶口开始，也是"壶口"之名第一次出现在史籍中。

《禹贡》中记载，在治水的过程中，禹划定了九州的疆域、分界——"别九州"，制定了土地和贡赋制度——"任土作贡""庶土交正，厎慎财赋，咸则三壤成赋"，完善了政权的组织形式——"六府孔修"，确立了分封制——"中邦锡土、姓"，要求诸侯服从中央的命令——"不距朕行"。这些都表明中华文明从万邦林立的邦国时代走向王权统辖的王国时代。大禹之后，其子启所建立的夏，被认为是中国历史上第一个"家天下"王朝。

有学者说："治水仰赖统一国家，而统一国家又促进了治水的成功，大禹治水与中国国家的形成正是如此的相互促进的关系。大禹在治水过程中自然地将国民按照地域来划分。社会的组织管理能力得以增强，国家机构逐渐建立，为中国国家的最终形成打下了基石。"

所以，既然治水是从壶口开始的，那么也可以说，中国之有国家，也是从壶口开始的。

壶口在山西吉县、陕西宜川县之间，壶口瀑布是全国第二大瀑布、世界最大的黄色瀑布，是黄河最澎湃的景观。

遥想100多万年前，地质结构变化剧烈，一次次地质抬升中，青藏高原隆起成为"世界屋脊"，并影响到其他板块发生断裂褶皱，呈现出阶梯状地貌，原来的湖泊向低处倾泻，汇集成一条奔腾大河——黄河。黄河千曲百折，穿过戈壁，漫过草原，在河曲老牛湾划出一个几乎90度的直角，然后折向南行，划破大地，冲出一条深深的峡谷——晋陕大峡谷。晋陕大峡谷有宽处，也有窄处，流经壶口这儿时，400多米的河床乍然收紧成五六十米，且猛然跃入深30多米的石槽，由此形成一条壮观的瀑布。光绪《吉州志》描述：

蒸腾的壶口

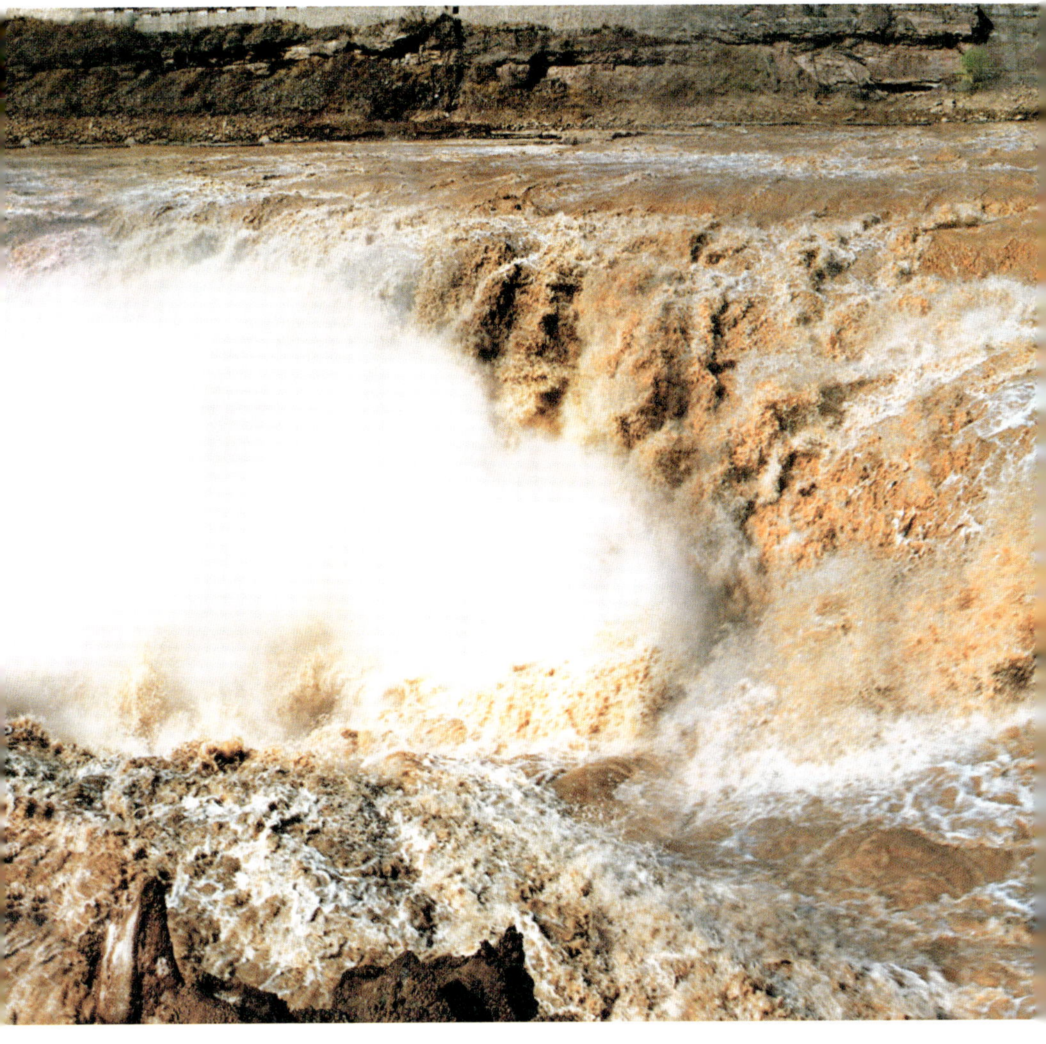

> 壶口在（吉）州西七十里……河势北来，至此全倾于西崖，奔放而下，约五六百尺。悬注漩涡，如一壶然，故名。每岁春秋时，有气如虹，横浮水上。

由此可知，先民因形取义，见瀑布悬注石槽而取名。然而更古时人们所见大概与我们现在略有不同。北魏时郦道元所见：

> 水流交冲，素气云浮，往来遥观者，常若雾露沾人，窥深悸魄。其水尚崩浪万寻，悬流千丈，浑洪赑怒，鼓若山腾，浚波颀叠，迄于下口。

郦道元描写了黄河奔涌，直向龙门（即下口。古称龙门上口为孟门，下口为今龙门口），但是并没有着重指明壶口瀑布，此文亦以"孟门山"为题，"崩浪万寻，悬流千丈"也不知道是形容黄河还是壶口瀑布，也许当年壶口瀑布与孟门山还在一处。概因壶口瀑布是条移动变化的瀑布。黄河上游水流切割石槽，冲击岩石，久而久之岩石破碎，瀑布遂不断北移。春秋时尚紧邻下游孟门山，晚唐时距孟门山已有三四里，如今已有十里之遥。地质学家测算发现，壶口瀑布每年北移约有1米。据此进一步推算可知，壶口瀑布形成于6.5万年以前。

它就那样奔腾了数万年，然后在万年前见到了人祖山上的"女娲"，在4000年前迎来了治水的大禹，在2000年前见证了晋人和狄人的鏖战，在1000年前目睹了李渊和义军领袖的会师，现在又看到了我们。

大河流日夜，往来成古今。

壶口瀑布并非一处可以轻松赏玩的景致

吉县，因境内有"古不被兵"的吉山而得名，商为耿国，晋为屈邑，金称吉州，民国改为吉县沿袭至今。吉县柿子滩旧石器时代遗址是国内目前距今2万至1万年间现存面积最大、堆积最厚、内涵最丰富的一处原地埋藏遗址，也证明吉县人文历史之悠久。不过如今除了吉县苹果外，最知名的就是壶口瀑布了。

吉县不算通都大邑，壶口瀑布这样的景观素为当地所珍视。我国府县有总结、命名"八景"的传统，以彰显本地人文自然盛景。古吉州八景为"孟门夜月""壶口秋风""锦屏叠翠""石孔飞泉""小桥流水""古洞瑶桃""佛阁晴岚""寿山夕照"，其中"孟门夜月""壶口秋风"就在今天壶口景区内。

康熙《吉州志》解释，所谓"孟门夜月"，"盖山在黄河中流，当其水落石出时，山高月小，素魄流彩，光映河山"。如今孟门山在壶口瀑布下游十里，两块巨礁屹立河中，雄踞中流，此即大孟门山、小孟门山，传说中为大禹所凿通。如今大孟门山上有神龟雕像，大禹站立其上,望着黄河远去。"壶口秋风"为"黄河之水注于其中,其势甚险。每遇秋时,波涛汹涨,风气凛冽"。

有八景则有八景诗,更早的诗文已散佚不可复见,明清两朝的吟咏则载于方志。清人柴海"孟门夜月"其诗为:

岩岩一岫镇中流,览胜偏宜月下游。
点破龙门三级浪,接来壶口几分秋。
翻疑晓雪余前面,不见纤云翳上头。
皎皎清光留永夜,选幽端不逊瀛洲。

明人张应春"壶口秋风"之作为:

汹涌的壶口瀑布

飒飒金风动,凝凝玉露清。壶山木叶下,洪水波涛惊。
冷透白蘋岸,寒侵红蓼汀。禹功疏凿后,千载仰成平。

清人葛临洲《壶口秋风》诗为:

万里洪流声怒号,天开一堑势雄豪。
旅船横岸秦关远,征雁排空晋岭高。
壶口山边风飒飒,孟门石下浪滔滔。
丹崖翠壁环如堵,直欲樵渔傍水涛。

其他不以《壶口秋风》为名，但同属壶口诗的还有许多，如明末阁臣惠世扬写道：

> 源出昆仑衍大流，玉关九转一壶收。
> 双腾虹线直冲斗，三鼓鲸鳞敢负舟。
> 桃浪雨飞翻海市，松崖雷起倒蜃楼。
> 鳌头未可寻常钓，除是羽仙明月钩。

可以想见，那时瀑布边必然站着好多长衫飘飘的人，或是外地游宦，或是本乡士子，他们俯观黄河，感叹造化之神工，仰首赋诗，炫示辞藻之绮丽。或许是这些作者都不甚有名，所以诗作平平，或许是我们现在理解古典诗词有些困难，不能完全体会他们的才华，总之，从这些诗作中，仍不是很能感受壶口瀑布的壮观。

还是应该自己去看一看的。

十余年前我第一次去的时候，是在5月初的暮春时节，正是花红柳绿草长莺飞的好时候，可是不巧，那天天气阴沉沉的，一阵风过来，便带过来一阵雨，裹着寒意直往衣服里灌。河边尤其如此，感觉都有些站不住脚。我想，看一看，了个心愿，赶紧就走。

还没走到河边，先就听到河声，轰隆隆的，好像闷雷一般。再往前看，却看不到瀑布。因为壶口瀑布与同样知名的庐山瀑布不同——庐山瀑布是山上直泻而下，壶口瀑布却是落入几十米深的石槽。李白说庐山瀑布"疑似银河落九天",如果为壶口瀑布写诗,就应该是"疑似黄龙下九泉"了。

李白也说过"黄河之水天上来",确乎如此。灰白色的云层遮蔽了整个天空,也笼罩着大地,天地混沌,茫茫一片,没有什么能看得分明。而黄河从天边散漫地涌了过来,初时尚不注意,却突然就映在你眼中。河水越来越近,但河床越来越窄。于是在远处还算温顺的河水,顷刻就冲了过来。浪头一闪,消失不见,然后又是一浪,你追我赶,唯恐落后——突然想起,看奥运会短跑比赛就是这个感觉。于是情不自禁地向前走去。

据说,当人碰上特别有冲击力的事物时,大脑会一片空白。我这才明白,并非那些古人缺乏才华之故,面对着壶口瀑布的那一瞬间,谁都会丧失思维能力吧。现在回想起来,我只记得眼前是一幅跳跃的黄色水幕,耳旁是连续不断的隆隆雷声。巨浪怒吼着,咆哮着,从60多米宽的河床一跃而下,击起巨大的水花,腾起磅礴的水雾。崖壁岿然不动,而那些巨浪不觉疲累、不知停歇地拍打着,撞击着,像无数条飞舞的怒龙,也像无数匹狂奔的惊马。在极致的动与静之间,天地绘就了一幅庞大的画卷,不讲什么留白,也没有缤纷的色彩,景致单调却气象万千。

还可以和壶口瀑布靠得更近。瀑布东岸有个天然形成的岩洞,直接通往瀑布下方,俗称"龙洞",也叫"观瀑洞"。我当时能够进洞,运气还算不错,如果在雨季水量过于充沛时,龙洞可能会被淹

天下黄河一壶收

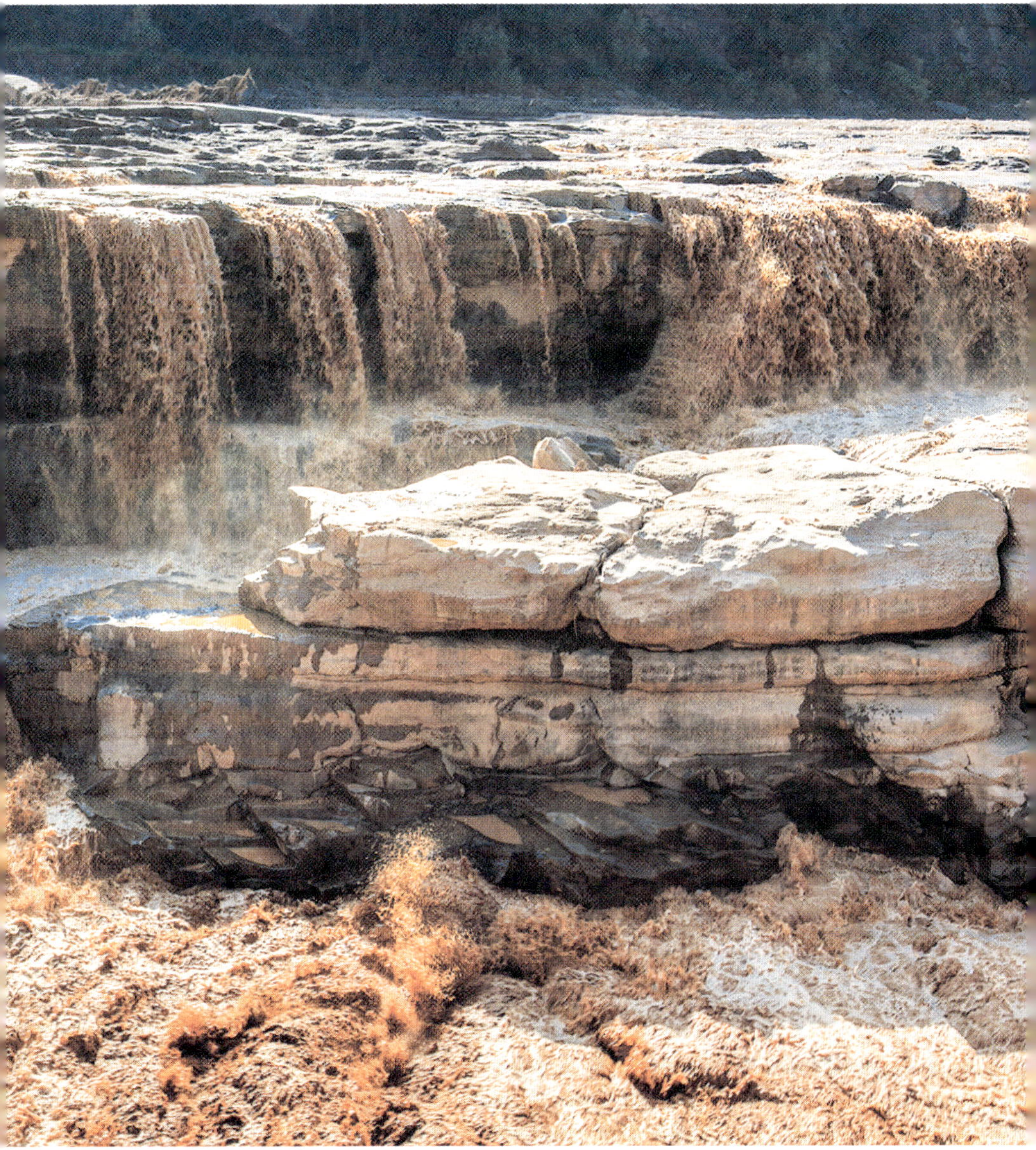

没。走进幽暗潮湿的龙洞，沿着铁质的狭窄阶梯下行十余米，蓦地眼前一亮，就到了龙洞洞口。这时，壶口瀑布就在你头顶，在你身侧，在你脚下，你的眼睛再也看不见别的东西，你的耳朵再也听不见别的声音，瀑布就是世界的全部，而这是一个汹涌澎湃、风雷激荡的世界，你的心脏会跟着它跳动，你的血液会随着它奔涌，你的情绪会因着它起伏……作为凡人的我们大概无法承受这样的冲击。我感到一阵眩晕，一阵气促，一秒钟也不敢停留，赶忙爬出了龙洞，长长地出了一口气。

我走出了景区，不敢回头。

回来偶然见到梁衡先生的散文名篇《壶口瀑布》，看到里面说："眼前这个小小的壶口，怎么一下子集纳了海、河、瀑、泉、雾所有水的形态，兼容了喜、怒、哀、怨、愁，人的各种感情。造物者难道是要在这壶口中浓缩一个世界吗？"顿时心有戚戚，然而这个世界实在难以接近。

我曾经见过各种形态的黄河——内蒙古大草原上的黄河，蓝天白云之下，绿色原野上有一曲清水蜿蜒而过，像少女一样柔美；夏县双山绝壁下的黄河，青绿的黄河微波荡漾，阳光下闪着宝石般的颜色，像少妇一样艳丽；开封黄河大桥下的黄河，裹挟着大量泥沙，水流浑浊、沉重、迟缓，像夕阳下阅尽世情藏着无数故事的老人的背影；河津龙门口的黄河，水流湍急，波涛滚滚，从晋陕大峡谷兴奋涌出，像下课铃响后冲出教室的小学生；济源的黄河三峡，群山环绕，峭壁千仞，乘船穿行河峡，浆破云影，引起河水微澜，好像身处世外桃源；永和乾坤湾的黄河，千曲百折，龙行蛇游，像无尽悠长的岁月……我愿意一整天都在河边，去充作一个"乐水"的"智者"，但对壶口瀑布，我却感到凛然不可接近。

在壶口瀑布，黄河不是能够赏玩的对象，不是用轻松的心态可以随意应对的景致。

但作为中国人，一定是要去看看壶口瀑布的。

国家危亡时，壶口瀑布把自己注入民族魂魄

2022年壶口瀑布景区被确定为国家5A级景区，虽然以它的知名度来说，这个称号来得有点晚了。一直以来壶口瀑布的游客就不少，并不因5A级别或4A级别而有特别大的变化。游客们操着南腔北调赞叹这壶口瀑布的壮观，连贵州和安徽的游客也是如此。我问他们，黄果树瀑布和庐山瀑布较之壶口瀑布有何不同？他们摆摆手说，那不一样。

当然不一样。1987年，我国发行100元、50元新版人民币，100元纸币背面是井冈山，50元纸币背面正是壶口瀑布——这是对其知名度的认可和展示。

井冈山是中国革命"星星之火"点燃的圣地，是新中国的奠基石；壶口瀑布则是大禹治水开始的地方，中国国家奠基之地。它们

都是我们这个古老而又崭新的国家的象征。所以,壶口瀑布是大自然的杰作,但又不是单纯的自然景观,它人文性的成分甚至大于它的自然性。

这就见到明清咏壶口诗的不足了。这些诗人看山是山,看水是水,了不起提一提大禹治水的丰功伟绩,但心中没有家国之念,胸怀不广,境界不阔。

壶口瀑布最伟大的诗诞生在抗日战争时期。

1937年7月,全面抗战爆发后,全国人民的心情随着战事的发展一再低落。接连几场会战的失利后,大片国土为日寇所侵占——

壶口春秋

7月29日，北平沦陷；7月30日，天津沦陷；9月13日，大同沦陷；9月24日，保定沦陷；10月10日，石家庄沦陷；10月17日，包头沦陷；11月8日，太原沦陷；11月12日，上海沦陷；11月19日，苏州沦陷；12月13日，南京沦陷；12月14日，扬州沦陷；12月24日，杭州沦陷；12月27日，济南沦陷；1938年1月10日，青岛沦陷；2月3日，烟台沦陷；3月17日，南通沦陷；5月10日，厦门沦陷；5月14日，合肥沦陷；5月19日，徐州沦陷；10月21日，广州沦陷；10月25日，武汉沦陷……一个一个的地名，细数一遍用不了半分钟，背后却是数以百万计的生命的消散、数以百万计的国土的沦丧。

东北富饶家园、中原文华荟萃、华东膏腴之地、江南鱼米之乡，神州万里疆域，大半在日寇铁蹄下呻吟，就好像国歌中唱的那样，"中华民族到了最危险的时候"。

1938年6月，毛主席发表《论持久战》，指出抗日战争是持久战，中国必将取得这场战争的最后胜利。可是，在敌人疯狂进攻、战果日渐扩大的时候，大多数人看不到胜利的希望，连蒋介石都感到压力难以承受，在浴室嘶喊问天来纾解，更遑论普通百姓。更有以汪精卫为代表的一些国民党高层人士，认为日寇不可战胜，不如早早投降苟且性命——1938年12月29日，国民党二号人物汪精卫发表"艳电"公开投降，成为近代以来最大的汉奸，被永远钉在历史的耻辱柱上，在当时，影响非常恶劣，"亡国论"甚嚣尘上，打击着全国人民抗战的热情。

用什么振奋民族精神，用什么鼓舞抗日军民？

壶口瀑布再次将自己注入国家的魂魄。

武汉沦陷后，25岁的年轻诗人光未然受国防部政治部主任周恩来、副主任郭沫若指派，以国防部政治部西北战地文化宣传视察员的身份，赴二战区视察文化工作。他由汉口至西安再至宜川，又从宜川渡过黄河来到吉县。当时二战区机关已随着司令长官阎锡山迁到吉县。光未然在二战区机关停留时，驻地就在黄河岸边的一个小村子。他从驻所出来，下一道土坡，就能来到壶口瀑布边上。

在这期间，光未然多次来到壶口瀑布。传统的"壶口秋风"在他眼中是另一番景致。咆哮怒吼的瀑布，让人不敢直视，却激发着诗人的创作冲动——一路上看到的被日寇摧残的国土令他悲伤，国军接连的失败令他愤懑和不甘，但看到黄河波涛翻滚，听到瀑布声威振天，让他感受到我们这个古老民族深藏的力量，船工与风浪的搏击和抗争更让他看到了坚毅不屈的精神。种种复杂的情感交织，在他胸中酝酿，就像被压抑的火山终将喷发一样，这种情感自己会找到宣泄口，如同壶口瀑布以不可阻挡之势倾泻。光未然回忆说："那时我们祖国连年战乱后，又遭日本侵略，我多次去到壶口边，有时也登高远望黄河，看到奔流不息的壶口巨浪，心中确实受到启发，浮想联翩。从那后，酝酿着，一定要写一个有关黄河的诗篇。"

1939年1月底，光未然在汾西县骑马坠伤骨折，被送到延安医治。病榻之上，他开始构思诗作。2月26日，作曲家冼星海去边区医院看望光未然。光未然谈到了他的创作计划，冼星海听后非常激动，两人一拍即合，开始讨论合作。光未然决心把心中正在构思的诗作直接写成一部大合唱歌词。3月11日晚，抗敌演剧三队举行元宵节小型朗诵会，邀请光未然和冼星海参加。就在这个朗诵会上，光未然在昏暗的油灯烛光中朗诵了他刚创作好的《黄河大合唱》的全部歌词，纸上犹有余温。

《黄河大合唱》第一任指挥邬析零回忆："光未然的朗诵是新体诗的朗诵，400多行的诗句，25岁的诗人一气呵成，从头朗诵到尾。我们的心随着抑扬顿挫的诗句节奏而跳动。听完最后一句'向着全

漫天霞光映衬下的壶口美景

世界劳动的人民，发出战斗的警号'，全窑洞一片安静。顷刻，掌声响彻整个窑洞。掌声中，冼星海激动地站了起来，一把将词稿抓在手里：'我有把握把它谱好！我一定及时为你们赶出来！'仅用了20天，冼星海的曲子就谱好了。"

4月13日，经过十几天的紧张排练，《黄河大合唱》在延安陕北公学大礼堂首场演出，立刻引起轰动，之后连续演出多场，观众无不振奋。其后，《黄河大合唱》传播到各边区和抗日根据地，传播到国统区，传播到日占区，传播到全中国，壶口瀑布边诞生的歌曲，给了所有人黄河般澎湃的力量，展现了昂扬、顽强和奋进的现代中国的民族精神。

《黄河大合唱》，壶口瀑布边诞生的民族史诗

在世界各民族的形成过程中，史诗发挥着重要作用。它强化了民族记忆，丰富了民族文化，塑造了民族性格，建构了民族精神。《诗经》中的《商颂》《周颂》诸篇，就是商、周族的民族史诗，还有人分析《尚书》的文体、形式，认为记载了上古圣王尧舜禹事迹的《尚书》也应该是华夏原初史诗。《黄河大合唱》则是中华民族的现代史诗。

中国是农耕文明，中华民族主体是农耕民族，特点是包容、和平，大多数时候，像华北平原的黄河一样沉静。然而历史上频仍的战争和农耕区的不断扩大，也说明农民未必像他们表现出来的那样

人山人海观壶口

温顺驯服。他们的理想很简单,有地种,有饭吃。但如果连这点儿想法都不让他们实现,他们的暴烈将超出你的想象。对本国的统治者如此,对外来的侵略者更是如此。很多人会忽略,这是一个曾经高喊过"时日曷丧,吾与汝偕亡"口号的民族,这也是一个曾经有过"凡犯强汉者,虽远必诛"名言的民族。如果他们愿意来壶口瀑布,我想他们就会记住这一点。

　　光未然在壶口瀑布看见:

它震动着,跳跃着,像一条飞龙,日行千里,注入浩浩的东海。壶口龙门,摆成天上的奇阵;人,不敢在它的身边挨近,就是毒龙也不敢在水底存身。在十里路外,仰望着它的浓烟上升,像烧着漫天大火,使你感到热血沸腾;其时凉气逼来,你会周身感到寒冷。它呻吟着,震荡着,发出十万万匹马力,摇动了地壳,冲散了天上的乌云。

由此，他想到了：

啊，黄河！你记载着我们民族的年代，古往今来，在你的身边兴起了多少英雄豪杰！但是，你从不曾看见四万万同胞像今天这样团结得如钢似铁；千百万民族英雄，为了保卫祖国洒尽他们的热血；英雄的故事，像黄河怒涛，山岳般地壮烈！啊，黄河！你可曾听见在你的身旁响彻了胜利的凯歌？你可曾看见祖国的铁军在敌人后方布成了地网天罗？他们把守着黄河两岸，不让敌人渡过！他们要把疯狂的敌人埋葬在滚滚的黄河！啊，黄河！你奔流着，怒吼着，替法西斯的恶魔唱着灭亡的葬歌！你怒吼着，叫啸着，向着祖国的原野，响应我们伟大民族的胜利的凯歌！向着祖国的原野，响应我们伟大民族的胜利的凯歌！

只有如此雄浑、豪迈、刚烈的词作，才配得上澎湃汹涌的黄河，才配得上壮怀激烈的全民抗战，才配得上我们这个多灾多难但总能重新昂扬的民族。

《黄河大合唱》共有8个乐章，《黄河船夫曲》《黄河颂》《黄河之水天上来》《黄水谣》《河边对口唱》《黄河怨》《保卫黄河》及《怒吼吧！黄河》，控诉了日本侵略者带来的深重灾难和人民群众的悲惨遭遇，又以更大的篇幅表现了英雄的抗战场景，歌颂了中华民族伟大而坚强的抗争精神，并发出了胜利的呐喊。

这如果不是民族史诗，还有什么是呢？

抗日战争凝聚了全国人民的力量，推动了全国人民的大团结，促进了中华民族的觉醒，形成了现代民族国家的意识。抗日战争的胜利，是中华民族由衰败到胜利并重新振兴的转折点，标志着一个古老民族的浴火重生，预示着现代中国的冉冉升起。而壶口瀑布边，《黄河大合唱》这部史诗作品的诞生，其意义不亚于大禹治水第一次挥动耒耜，它是人民的心声，是时代的强音，是中华民族再度新生时向侵略者发出的第一声怒吼，是中华民族即将豹变时向世界吹响的第一声号角。

虎啸山林，龙吟深渊，侵略者将在歌声中恐惧颤抖，抗日军民却在歌声中愈加奋勇。无数人在"风在吼，马在叫，黄河在咆哮"的歌声中振作起来，在"他们要把疯狂的敌人，埋葬在滚滚的黄河"呐喊中走向战场，在"保卫家乡，保卫黄河，保卫华北，保卫全中国"的号召中冲向敌寇，不畏强敌，不怕牺牲，誓以胜利来告慰牺牲的军民，告慰浩荡的黄河。

光未然之子张安东曾提到过一个细节，《保卫黄河》章节有一句朗诵词："我们抱定必胜的决心，保卫黄河、保卫华北、保卫全中国。"然而在手稿中，却是"报定必死的决心"。张安东说："我父亲曾告诉我：'我根本没期望自己能够看到抗战胜利。'因为当时敌人太强大，一年两年？五年六年？什么时候能够抗战胜利？没有人能知道。但是大家就是想着：我要跟你拼到底了。但是我绝对不退却，我死了还有别的人。"

置之死地而后生。唯我"必死"，民族才能"必生"，国家才能"必胜"。正如同黄河河水以弱击强，冲击石槽岩壁，每一朵浪花都将粉身碎骨，飘散为一团浮沫，但千万年后岩破石碎，终究显现出悬瀑百尺的壮丽景象。

在一个冬日，我又一次来到壶口瀑布。黄河岸边山色枯黄，草树萧瑟，苍凉得像上万年的历史。冬季是黄河的枯水期，但壶口瀑

彩虹下的壶口瀑布

布一点儿都没减弱它的声势,依然咆哮着怒吼着跃入石槽,奔涌向远方。那天是多云天气,太阳在云层中穿行,尽力展露,然而终究只是一个浅白的圆盘。忽然大风从山谷里吹出,不一会儿,吹散了满天的云彩,天空湛蓝,红日高悬,照射着瀑布升腾的水汽,形成了一道完美的彩虹,将崖壁上晶莹的冰柱都映射得五彩斑斓。

　　这是难得一见的景象,壶口瀑布显示了它壮观之下的秀美,也许,它也知道,我们这个古老民族新生并日渐复兴,该有这样的奇景衬托。

　　每个中国人,都应该来壶口瀑布看看。

解州关帝庙

赤面赤心，护国佑民

  关公受到人们崇拜，不在"立言"，而在"立功"，更在"立德"。尽管关羽在荆州兵败身亡，然而一生赫赫战功不容抹杀，更重要的是在"道义"上树起了高大的旗帜。关羽以自己的所作所为，实践了儒家文化的道德原则，表明儒家文化不仅仅是读书人的文化，它也适于每一个人，从而使传统的儒家文化流贯中华大地，遍及东西南北和各行各业，协调人们的心理状态和精神世界。

  ——周敬飞、胡安平主编《中国地域文化通览 山西卷》

神勇

中国人的神灵观较他国不同。2000多年前的《左传》中说，"神，聪明正直而壹者也，依人而行"，将高居九天之上的神拉到了人间，相比朴素的万物有灵的"泛神论"观念大大前进了一步，却也并非像"一神论"那样严格神人分际，唯神独尊。由是，在中国漫长的历史里，人与神的界限很是模糊，那些道德高尚、才能卓越的，为百姓付出良多、作出非凡贡献的人，死后就会被请进神龛，接受人们的崇拜，享受人间的祭祀。而在一方百姓的心中，作为神，首要的职责是福庇人间，如果做不到"有求必应"，那么其香火不旺甚至庙宇破败都是可以预料到的。

这好像是种现实而功利的神灵观，由此有的观点说中国是个没有信仰的国度。但说这话的人并没有意识到，中国人信仰的，从来都不是虚无缥缈的"神"。其实，"神"是种表彰，也是个象征，象征着人间一切美好的品德；"神"也是种寄托，寄托着百姓对幸福康宁生活的企盼。

这种神灵观下，最典型的代表就是三国时期的名将关羽。他由

人而神,由神而圣、而佛、而天帝,不止是走到人的顶峰,也走到了神的顶峰。如运城解州关帝庙一副楹联所说:

三教尽皈依,正直聪明,心似日悬天上;
九州享隆祀,英灵昭格,神如水在地中。

生前死后,关羽声名不朽

真实历史中的关羽,是三国蜀汉名将,在《三国志》中与张飞、黄忠、马超和赵云合传——这也是后世将五人称为"五虎上将"的由来。

《三国志》作者为陈寿,曾经是蜀汉官员,后来出仕沿袭曹魏而来的西晋,是两朝诸多人事的见证者或参与者,身份比较敏感,但他秉持着史家的操守,"辞多劝诫,明乎得失,有益风化。虽文艳不若(司马)相如,而质直过之"。由是《三国志》被目为良史,和《史记》《汉书》《后汉书》一起被列为"前四史",是二十四史中最好的史作之一。

《三国志》中,关羽的形象光彩夺目,他身上有几大特点让人念念不忘。一是忠心。初识刘备,就决定此生投效相随。之后"随先主周旋,不避艰险",为刘备兴复汉室的事业奋战到生命最后一刻。二是义气。关羽、张飞和刘备结交,三人"寝则同床,恩若兄弟"。

解州关帝庙钟楼

当时刘备身份卑微，为让众人尊重刘备，凸显刘备的贵重身份，关羽和张飞"稠人广坐，侍立终日"。三是守信。关羽被曹操俘虏，曹操待之甚厚，许他封侯拜将，但关羽明确表示"吾终不留"，只是"立效以报曹公乃去"。后来，关羽帮助曹操解了白马之围，"尽封其所赐，拜书告辞，而奔先主于袁军"。四是神勇。关羽有过刮骨疗伤时言笑自若的传奇经历，也有过万军当中斩将夺旗的壮举，"羽望见良麾盖，策马刺良于万众之中，斩其首还"，还有过"水淹七军"的辉煌战绩，由此威震中华，让曹操产生了迁都以避其锋芒的想法。这些光辉的事迹阐释着传统的道德观，也是后世传奇化和神化关羽的史实基础。

三国势力中，蜀汉最为弱小，人才不多，因关羽之忠勇，关羽在刘备集团中的地位举足轻重。曹操集团甚至有"蜀，小国耳，名将唯羽"的说法。刘备进位汉中王，关羽为前将军、假节钺，全面负责荆州方面的事务。所谓"假节钺"，即可以代表君主行使专断赏罚之权，当时刘备集团中有此权力的仅关羽一人，而这也说明，关羽并非普通的勇将，他不仅能征善战，还有着独当一面的统帅才能。

同时，陈寿也提到了关羽的缺点——刚愎骄矜。马超投靠刘备，关羽就给诸葛亮写信问马超怎么样，暗含比较之心，诸葛亮回信说"未及髯之绝伦逸群也"，关羽很高兴，把信给手下传看；孙权为拉近吴蜀关系，想为儿子求娶关羽女儿，关羽"辱骂其使"，给吴蜀联盟蒙上阴影。关羽的最终败亡也和骄矜有关。他平时就瞧不起平庸的属下，恰好他们没把事情办好，关羽说等回去一定要处理他们。看到了蜀军嫌隙的孙权乘机引诱他们，这些人就投降了孙权。孙权觉得这是抢夺荆州的好机会，决定背刺盟友，于是在关羽战事不利时，悍然发兵攻击关羽，杀了关羽及其子关平，导致孙刘联盟的彻底破裂。而荆州的丢失也让刘备完全丧失了再兴汉室的希望。

总而言之，真实的关羽优缺点都很突出，但非常有人格魅力。"万人敌"（言自郭嘉）、"熊虎之将"（言自周瑜）和"勇冠三军"（言自刘晔）都是来自三国其他阵营的称誉。而最了解他的莫过于他的敌人，吕蒙说："斯人长而好学，读左传略皆上口，梗亮有雄气，然性颇自负，好凌人。"陈寿赞同这个看法，在《三国志》关羽等人传后评论说："关羽、张飞皆称万人之敌，为世虎臣……然羽刚而自矜，飞暴而无恩，以短取败，理数之常也。"

不过，关羽的黯然败亡并没有削弱后世对他的评价，之后的名将，常被人以比关、张。如东晋的刘遐"每击贼，陷坚摧锋""比之关羽、张飞"；北魏的崔延伯"胆气绝人，兼有谋略，所在征讨，咸立战功""古之关张也"；长孙肥"雄烈知名，军锋所指，罔不奔散""关、张万人之敌，未足多也"；南陈的萧摩诃"临戎对寇，志气奋勉，所向无前""有关张之名"；南齐的垣历生、蔡道贵"拳勇秀出，当时以比关羽、张飞"；唐朝的李京杲"督赪荡先驱，战嘉山尤力"，唐肃宗说"黥、彭、关、张之流乎"……即使没有《三国演义》，关羽也不会被历史湮没。唐肃宗时仿照文庙设武庙，以姜子牙为武成王，白起、韩信、张良、诸葛亮、李靖等为十哲从祀，德宗时又以王翦、廉颇、李牧等古今64位名将为配享，关羽就在其列。

但如果仅仅是这样的话，关羽也就是中华历史上璀璨将星中的"普通"一个。他危坐在武庙，遥望军师诸葛亮，身旁左为张辽，右为周瑜，对面是张飞、吕蒙——兴复盛衰，正朔几度改易；先贤后继，几人壮志得酬？故友仇敌，相逢一笑恩怨消……当一切都化为香炉中的一缕轻烟，他会像其他的神一样，俯瞰这不知是姓刘还是姓李的山河大地，但他肯定不会想到，有一天，他会坐到姜子牙的那个位置。

关羽，他的第二次生命即将壮丽开场。

封神封圣，关公隆遇非凡

关羽成神颇具佛教色彩。

至晚在南北朝时期，民间就有了关公显圣的传说。传闻湖北玉泉山有位普净禅师，一日在禅定之中，见一无头将军骑赤兔马，执青龙刀，旁边还跟着一青年白脸将军和一黑脸壮汉，在空中大喊："还我头来！"普净知是关羽，便说："你为人所杀，要'还我头来'，你南征北战，杀人无算，那些人的头谁来还？"关羽由此明白了因果

解州关帝庙全景

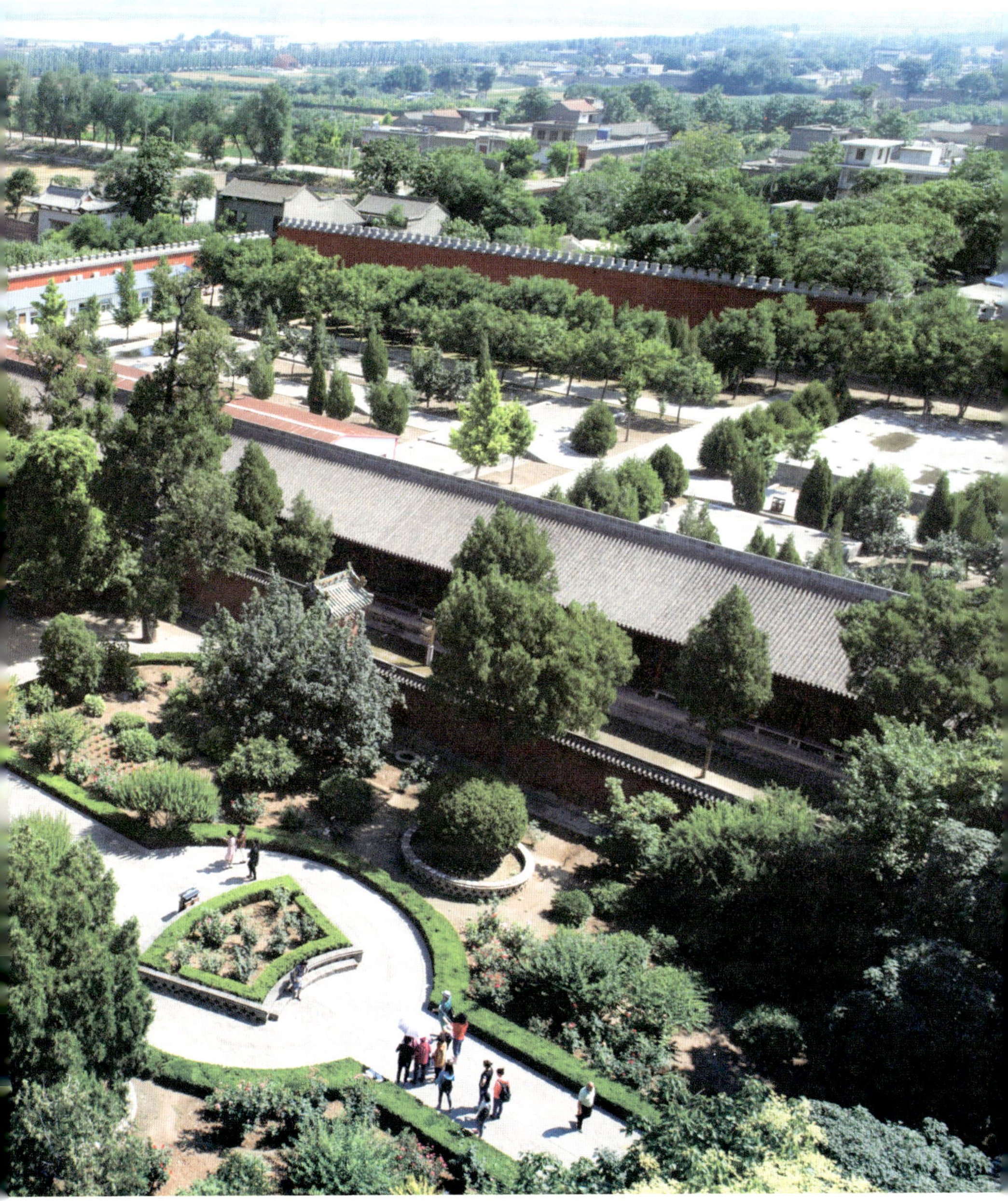

循环、报应不爽的道理，皈依了佛门，从厉鬼化为神灵，在玉泉山一带护佑百姓。百姓感激，因此集资建了一座显圣祠来供奉他。考诸史实，南朝陈天嘉三年（562），陈文帝在玉泉山顶敕修了一座规模不小的显烈祠；到了隋炀帝时，有位智𫖮大师在玉泉山建庙，已经成神的关羽显灵帮助了他。智𫖮大师为关羽受菩萨戒，并请封关羽为护法伽蓝；其后显烈祠（民间也叫关将军庙）或毁于战火，或因年久而圮，唐德宗时地方官员重修，庙宇"栾栌博敞，容卫端肃"。而别的地方也建起了关将军庙、汉寿亭侯庙等奉祀关羽的庙宇，尤其是江淮之间关羽曾经的征战之地。

关羽成神之路的开始，或许是因为佛教要借助本土英雄扩大影响，但如果仅止于此，关羽只会是局限在特定时期、特定地点的一个小神，或依附在佛门，或显化在民间享受单薄的香火，不可能成为今日的关圣帝君。要想一步步"升职"，需要别的机缘，尤其是皇帝的着意推崇。

机缘来得太突然。北宋绍圣二年（1095），哲宗为玉泉寺内汉寿亭侯祠赐额显烈。崇宁元年（1102），徽宗封关羽为忠惠公。崇宁三年（1104），封崇宁真君。大观二年（1108），封为武安王。宣和五年（1123），加为义勇武安王。南宋建炎二年（1128），高宗封壮缪义勇武安王。淳熙十四年（1187），孝宗加为壮缪义勇武安英济王。关羽由侯而公而王，走到了神界的"高层"。

关羽的"发迹"，最初是源自宋朝意识形态领域的"文化建设"。

神宗熙宁年间，太常博士王古建议："自今诸神祠无爵号者赐庙额，已赐额者加封爵，初封侯，再封公，次封王，生有爵位者从其本封。妇人之神封夫人，再封妃。其封号者初二字，再加四字。如此，则锡命驭神，恩礼有序。欲更增神仙封号，初真人，次真君。"这是官方对中国神灵系统的一次大整理，"故凡祠庙赐额、封号，多在熙宁、元祐、崇宁、宣和之时"，另外当时还有1000多所"淫祠"被毁。关羽幸运地赶上了这次"封神大潮"之机缘，且拥有了被官方认可的神位。

然而关键的问题是，为何关羽"升职"之速远超他武庙内的"同僚"？

有民间故事对此进行了解释。

据说，宋崇宁年间，运城盐池产量减少，极大地影响了王朝财政收入。宋徽宗派人了解情况后得知，原来是数千年前被黄帝所杀的蚩尤残魂为祟，于是就请龙虎山张天师下山除魔。张天师来到盐池，焚香叩拜，虔诚祷告，请来一员神将助阵，此人骑红马着绿袍，手持青龙偃月刀，正是关羽。关羽与蚩尤残魂大战七天七夜，终于斩杀了蚩尤残魂。事毕功成，张天师回宫复命，说是得到了蜀汉神将关羽的帮助。宋徽宗想看看关羽的模样，张天师于是施法请关羽显灵现出神貌。但请神容易送神难，关羽不肯返回天庭。彼时宋徽宗手里正好有一枚"崇宁通宝"，他即刻封关羽为"崇宁真君"，关羽这才谢恩退走。

河北省石家庄毗卢寺明代壁画：三界诸神图·崇宁护国真君

还有一个故事记载在山西沁县宋熙宁末年汉寿亭庙碑上。据传，元丰年间威胜军（驻今山西沁县）参与交趾平乱，所部将士听说仁宗年间的狄青平侬智高曾在汉寿亭侯庙祷告，得到关羽率领阴兵助阵，于是也去庙里礼拜。果然，在战争中，"广源以南地多深林，密于栉比。蛮人欲伐，横绝其路。结营息众，势莫能前。夜有大风暴发，怒号之声，若挝万鼙。迟明视之，卧木飞尽，九军得以并进。我军之战也，众与敌均。俄有阴兵，旗帜戈甲，弥亘山野，敌人顾望，惴恐而败。精诚所召，助顺之灵"。因关羽又率阴兵助阵，宋军大获全胜。凯旋后，为关羽重修庙宇，再塑金身。

这个故事不为人广知，但和前一个故事一样，表明关羽在宋朝得到隆遇都由于为朝廷作出了特殊贡献。尤其是前一个故事广泛流传，被认为是关羽由人到神的关键一步。

然而，民间故事有时并不可靠。有学者深入研究发现，"关公战蚩尤"来源于产生自南宋、流传在南方的佛教故事"关公斩业龙"，元朝时道教人士摈弃了其中的佛教元素，引入"张天师"等道教元素，附会了"黄帝战蚩尤"的远古传说，并与关羽崇宁赐号的史实相联系，构建了"关公战蚩尤"的新神话。由此而知，关公战蚩尤的故事应只是元初佛道相争背景下的一朵小浪花。明清之后，这个新神话被一再讲述，随着关公信仰的流行，事件时空进一步混乱，张天师也逐渐隐没于故事背后，关羽则成为故事的核心。所以"关公战蚩尤"并非关羽受厚封的原因,而是关羽受到隆遇后以果推因的解释,且掺杂着其他纠葛。要厘清关羽受封的真正原因,必须回到历史现场,从史书所不明载处发现真相。

以现代的眼光来看宋朝,那是一个经济特别繁荣、文教尤其兴盛、科技飞速发展、社会相对安定的朝代。史学家陈寅恪说:"华夏民族之文化,历数千载之演进,造极于赵宋之世。"国外的学者对宋朝则更加推崇,日本学者宫崎市定认为宋代是"近世"社会的开端;美国学者伊尔文甚至把宋代视为人类"现代社会的开端";英国历史学家汤因比说:"宋朝是最适宜人类生活的朝代,如果让我选择,我愿意生活在中国的宋朝。"

但在传统史观下,宋朝并不光彩。秦汉以后历朝历代的所谓"正统"王朝,宋朝的疆域最小、军事最弱,不说"宣威沙漠""经略西域",终北宋一朝都未能收复"幽云十六州"这些汉唐故地,南宋更是败退出中原,偏安在东南一隅。更重要的是,游牧民族所建立的辽、西夏、金、元等对峙政权,尚儒学,制礼乐,兴科举,和传统的中原王朝别无二致,给宋朝形成莫大压力,对宋朝的正统性也有所削弱。由是宋朝对"正朔"更加重视,更为强调。尤其是南宋甚至与金约为叔侄,自居晚辈,称臣纳贡,为士人所不齿。政权的合法性仅仅来自百姓对汉家王朝的天然好感。而金世宗说过的一句"我国家绌辽、宋主、据天下之正",成为南宋政权正统性的最大威胁。

历史都是当代史，古代也是如此。三国中，刘备为汉室宗亲，蜀汉政权具有天然的正当性，但九州仅有其一，实力又最弱，忆古思今，不能不使宋人感同身受。北宋时朝野尚以曹魏为正统，但《东坡志林》中已经记载，当时讲说古话，哪怕是"薄劣小儿"，皆"闻刘玄德败，颦蹙有出涕者，闻曹操败，即喜唱快"。"尊刘抑曹"成为宋朝集体性的心理倾向。到南宋时，以理学大家朱熹为代表的一大批士人明确提出"三国当以蜀汉为正"的观点，在思想界确立了蜀汉——实际上是为南宋——的正统地位。

关羽是刘备集团的主要人物，素以忠勇知名。乱世中君臣相择无关个人名节，关羽却放弃了更容易实现抱负的路径，偏偏选择追随除了"汉室宗亲"名号一无所有的刘备，去和他一起完成不可能完成的兴复汉室理想，矢志不渝，不能不使人感喟。正如山西乐平（今昔阳县）忠义武安王庙元朝所立的一块碑中所言：

盖东京失御，群雄朵颐汉鼎，曹袁张吕孙氏之徒，虎视鸱张，笼槛豪杰。王（关羽）抱盖世之略，绝伦之勇，固群雄所愿揖下风者也。而王自重如山，一不屑顾，独追随疲困无聊之昭烈，溟渤可竭，誓言不渝也；金石可磨，初心不转也。

（大意：东汉皇权飘摇，群雄觊觎帝位。曹操、袁绍、张鲁、吕布、孙策等人都有称王称帝的野心，争相拉拢豪杰。关

关帝庙庙内匾额

羽才略盖世，神勇绝伦，这些人无不倾慕。但是关羽都不屑一顾，偏偏追随情况相对糟糕的刘备，哪怕是大海干枯也不违誓言，金石磨灭也不改初心。）

这才是关羽受到推崇的根本原因。试想，哪个皇帝、君主不想有关羽这样才能卓绝但又不计得失、不论成败、倾心报效的忠心臣子呢？

关羽必须成神，必须成为臣子的楷模。这是所有君主的心愿。

尽忠竭义，关庙遍及天下

三国时代群雄竞起，豪杰纷沓，书写了无数传奇，让那段历史格外精彩，也让三国故事广泛长久地流传。李商隐诗有"或谑张飞胡，或笑邓艾吃"之句，可知在唐朝连小孩儿都知道张飞嗓门较大、邓艾有口吃；宋朝勾栏瓦舍中《说三分》是保留节目，甚至有专门讲说赖以成名的艺人；元代杂剧中"三国戏"更为丰富，约占了历史类题材的七分之一，如《单刀会》《白门楼》等经过改编后现在还是各戏剧剧种的经典剧目。而在元末明初，清源（今太原清徐）人罗贯中在《三国志》的基础上，总结、整理、改编了近千年来在民间流传的传说、话本、杂剧，创作了古典小说不朽的作品《三国志通俗演义》（俗称《三国演义》），刘备、曹操、诸葛亮、关羽几人的形象塑造得最为成功。毛宗岗评曹操为"奸绝"，诸葛亮为"智绝"，关羽为"义绝"。而这几人中尤其是关羽最为成功，鲁迅先生有评曰："至于写人，亦颇有失，以致欲显刘备之长厚而似伪，状诸葛之多智而近妖；惟于关羽，特多好语，义勇之概，时时如见矣。"

《三国演义》中，罗贯中创作或改编了更多的关羽故事，现在已经妇孺皆知，如"温酒斩华雄""三英战吕布""斩颜良诛文丑""千里走单骑""单刀赴会""水淹七军""大意失荆州"等，让关羽的形象更加饱满生动，也强化了关羽的道德品格，让关羽成为忠、义、信、诚、勇等传统道德观与价值观的人间化身。当然，关公丹凤眼、卧蚕眉、赤面美髯、绿袍青巾的外形也被固化，现在已经是中国人最熟悉的神祇形象之一。

伴随着三国及关羽故事在民间广为传播的，是历朝官方对关公的不断加封：

元泰定帝天历八年（1335），封为显灵义勇武安英济王；

明神宗万历四十二年（1614），封为三界伏魔大帝、神威远镇天尊关圣帝君，并以关羽为武庙主神；

明思宗崇祯三年（1630），封为真元显应昭明翼汉天尊；

清世祖顺治九年（1652），封为忠义神武关圣大帝；

清圣祖康熙四年（1665），封为山西关夫子，与山东孔夫子并列；

明代商喜《关羽擒将图》

清高宗乾隆二十五年（1760），易关羽原"壮缪"谥号为"神勇"；

清高宗乾隆三十三年（1768），尊号加"灵佑"二字；

清高宗乾隆四十一年（1776），谥号改为"忠义"；

清仁宗嘉庆十九年（1814），尊号又加"仁勇"二字；

清宣宗道光八年（1828），尊号又加"威显"二字；

清文宗咸丰二年（1852）、三年（1853），尊号分别加"护国""保民"，咸丰四年（1854），升为朝廷中祀；

清穆宗同治九年（1870），尊号又加"翊赞"；

清德宗光绪五年（1879），再加尊号，并确定为"忠义神武灵佑仁勇威显护国保民精诚绥靖翊赞宣德关圣帝君"。

从关羽的封号也可以看出，越是王朝末年，对关羽就越是尊崇。因为王朝末年就意味着时局危卵，君权不张，上位者对忠义的需求就愈加急切，此时表彰封赠关羽，其意不言自明。

同时，佛教、道教也在继续吸纳关公文化、关公信仰为己所用。在佛教，关羽为护法伽蓝菩萨、盖天古佛；在道教，关羽为三界伏魔大帝、天庭四大元帅之一——关羽终于成为三教尊奉、百世崇礼的大神之一。清朝时，赵翼说："（关羽）南极岭表，北极塞垣，凡儿童妇女，无有不震其威灵者。香火之盛，将与天地同不朽。"

据不完全统计,清朝中叶,国内关帝庙约有30万座,为诸神望尘莫及。

"孔夫子关夫子,万世两夫子;修《春秋》读《春秋》,千古一春秋",关羽死后千年,其声望登峰造极,几乎无第三人可比。

随着关公信仰全国性的普及,作为关圣故里的运城,其解州关帝庙渐渐成为关公信仰的中心。每年春秋仲月及五月十三,朝廷都要遣官致祭,礼仪隆重一如孔圣。

解州关帝庙位于今运城市盐湖区解州镇,呼北高速为它专门设立了站点,出解州高速口西行数里便至。庙始创于陈隋,之后历代无不增扩整修。康熙四十一年(1702)四月初二突遭火灾,所有殿阁楼台焚毁无余。经过10年营造,康熙五十二年(1713)恢复了旧制,之后近200年亦有所增益,是国内创建最早、规模最大、规格最高、保存最好的关帝庙,被称为天下"关庙之祖""武庙之冠"。

走在解州关帝庙,殿堂肃穆,楼阁巍然,关圣精神无所不在,忠义文化无所不染——端门镌刻的"精忠贯日""大义参天"联语,崇宁殿前高悬的康熙御书"义炳乾坤",御书楼上挂着"忠义千秋"匾额,还有春秋楼"圣德服中外,大节共山河不变;英名振古今,精忠同日月常明"的楹联,而达官显贵、文人墨客也多有赞叹。雍正十二年(1734),果亲王允礼谒庙,留诗说:

英风贯金石，壮节植纲常。

庙食遍天下，神栖归故乡。

平生一片心，皎如赤日光。

当其忠义发，直欲凌太行。

万古春秋志，唯公升其堂。

入庙瞻遗像，云旆俨飞扬。

大仁大爱，关圣深受敬仰

有清一代，朝廷对关羽的崇拜超过历朝历代。究其原因：一是满人初兴，文化落后，学习吸收汉族先进文化主要靠《三国演义》等通俗读物，除了兵法之外，还有治政，忠义的化身关羽由此成为后金护国之神。清末江苏巡抚梁章钜说："相传每朝之兴，必有尊神为之护国。前明为岳忠武，我大清则奉关帝护国。"二是满族在处理民族关系时，利用忠义价值观来团结外族，维护国家安定。其在未入关时，与蒙古约为兄弟，自比为刘备，而比蒙古为关羽。清人佚名笔记中记载"是以蒙人于信仰喇嘛外，所最尊奉者，厥唯关羽。二百余年，备北藩而为不侵不叛之臣者，专在于此。其意亦如关羽之于刘备，服事唯谨也"，可见满蒙和睦中，关公信仰发挥了巨大的作用。因此，清朝皇帝为关羽加尊号、赐美谥，封赠祖先，荫庇后

"气肃千秋"门楼

裔，等等，不一而足，允礼此诗，也是其证。

但是，历史上也常有朝廷崇奉有加而民间冷漠对之的神灵，也有一时万民敬仰而后香火不继的神灵，这就说明不能把关公信仰历久而愈盛简单归结为朝廷提倡的成果。一般来说，神灵的信仰深植于民间时，才会被朝廷所利用，而朝廷的推波助澜又使神灵信仰更加广泛，最终使之成为整个民族、国家的文化基因。说到底，赐号封神的是朝廷，但把关羽抬上神位的是芸芸众生，是一代又一代沉默无言却拥有决定权的亿万百姓。

对关羽，百姓崇其忠义，敬其诚信，钦其神勇，也惜其骄矜而败，但更重要的是，百姓内心知道，谁是真正站在自己一方的。在百姓看来，关羽之忠，并非仅仅忠于一家一姓，关羽之忠，其底色是仁。而仁者，爱人。

三国时期，纲常沦坠，天下板荡，生灵涂炭。关羽选择刘备，是因为刘备姓刘，代表着那个强盛的王朝。然而汉室宗亲并非刘备一人，从血缘上来说，刘备此人也和皇家的关系不甚亲厚。关羽何不选择占据荆州的刘表、占据益州的刘焉刘璋、占据扬州的刘繇或占据幽州的刘虞呢？这些人中，无论任何一个都比中山靖王之后的刘备更有号召力，单纯从实力上说，兴复汉室的希望也更大。但是关羽还是选择了当时"织席贩履"的刘备，即使他之后蹉跎20年还没有立足之地。但关羽丝毫未有悔意，如1994年版《三国演义》电视剧唱的那样,桃园结义"这一拜,忠肝义胆,患难相随誓不分开;这一拜,生死不改,天地日月壮我情怀"。为什么?因为关羽遇上刘备,是遇到了知音,遇到了同志。《三国演义》演绎刘关张的相遇,创作了"桃园结义"的故事,结义誓词为"同心协力,救困扶危;上报国家,下安黎庶",证明三人不是因个人利益而勾连,而是因国家大义、百姓福祉而聚首。若非如此,关羽在曹操表封其为偏将军、汉寿亭侯时完全可以就此留在曹营,以曹魏开国元勋身份照样可以名垂青史,何必颠沛流离,继续追随刘备,经历许多失败呢?

刘备以"仁德"著称,在东汉末年的乱世中几乎是唯一一个以百姓为念的诸侯,哪怕是撤退途中,也不忍心丢弃百姓不顾。对比那些视人命如草芥,甚至还有屠城恶行的诸侯,关羽看中的分明就是这一点。因为他自己也有一颗仁心。陈寿说,"羽善待卒伍而骄于士大夫",正表明关羽对底层的同情、仁爱。

因为这份仁爱,关羽在官方为武圣,为天帝,而在民间,百姓赋予了他更多的角色,也对他有着更多的期冀。

关羽是文衡帝君,保佑着读书人。明清读书人应考前,都要去关帝庙拜祷关公,抽取关帝灵签,以卜吉凶。

关羽是雨神,保佑着农夫。传说农历五月十三是关公磨刀日,那天必下雨,谓之"磨刀雨",所以,清朝俗谚说"大旱不过五月十三"。民间还传说,关羽是南海龙王转世,因违抗天帝旨意给黎民下

尘烟里的故园

解州关帝庙狮子雕塑

雨而贬谪为人。等关羽重登神位后，下雨解旱自是平常事。因此，在一些地区，祈雨时会抬着关帝神像或神牌巡游，一旦祈雨成功，便会演戏欢庆，报答神灵。

关羽是财神，保佑着商人。他既是武财神，也是义财神，教导商人要"以义取财"。他还是五路财神中的西路财神，因此也受到执明清商帮之牛耳的晋商的特别崇奉。晋商学习关公，重仁义，讲诚信，铸就了独特的晋商精神。"汇通天下"之时，晋商建了许多会馆，里面最不可少的就是关帝庙。

关羽是军神，保佑着军人衙差。古代军人，每以关羽的忠勇精神为激励，出征前、凯旋后都要拜关公。

关羽是帮会保护神。清末的会党组织义和团、白莲教、天地会、哥老会、洪门等无不崇奉关羽。他们不在主流社会，有些甚至还密谋杀官造反，在没有先进、现代的思想之时，团结凝聚人心只有关羽的义的精神……

不只如此，事实上传统三百六十行，关羽还被许多行业认为是祖师爷、保护神，如烟业、香烛业、绸缎业、成衣业、酱园业、盐业、厨业、豆腐业、肉铺业、糕点业、干果业、理发业、银钱业、典当业、教育业、命相家等，因由各异，甚而有些牵强附会。如豆腐业，传说关羽未发迹前，以卖豆腐为生，豆腐业因此尊关羽为祖师爷；如理发业，因理发匠用的是剃刀，关羽用的是青龙偃月刀，都是刀，理发匠就尊关羽为祖师爷……虽然许多是不经之谈，但这些传说反映的群体心理则是相信成神的关羽一定会保佑他们。

士农工商，百行千业，无不供奉关羽、信仰关羽，关羽成了全民神、全能神，他神威广大，百姓万千莫不庇佑。"村村有关庙"的盛景证明了关羽在国人心中至高无上的地位。

近代以来，科学昌盛，社会进步，关公信仰剥离了迷信愚昧的成分，作为传统文化的宝贵遗产，成为全世界华人共同的文化传承和精神信仰，五洲四海，有华人处皆有关庙。华人华侨每到一地都会建关公庙，它寄托着故国桑梓之乡愁，象征着中华文化之坚守，发挥着凝聚华人华侨价值共识的作用。如日本、朝鲜、越南等国的多座关帝庙建于 400 多年前；如 1842 年毛里求斯建成了第一座关帝庙，是陪伴华人进入非洲的第一尊神祇；如美国，18 世纪华工远赴金山，也是关公给了他们慰藉……相关数据显示，至 21 世纪初，关公信仰已在全世界 143 个国家与地区传播，3 万多座关帝庙显示着全世界中华子孙割扯不断的同胞之情。

生前的关羽，未能见到汉室再造，天下一统；成神后的关羽，必将能见到中华复兴，山河无缺。

光影里的关帝庙一角

雁门关

劫波渡尽，雁门关上恩怨泯

　　雁门山在代州北三十五里。志云"以雁出其门，故名。一名雁门塞。关因山以立。"凡山西之关，四十有余，皆踞临保固，而耸拔雄壮，则雁门为最。故赵之李牧，汉之郅都，备边于此。匈奴不敢近塞，固皆一时良将，而不可谓非地险以成之也。迨我皇朝，则特设武臣守御，熊黑之士，云屯于此，而又专属宪台，以提督之，地亦可谓要而重矣。

　　——明朝文学家、吏部尚书乔宇《雁门山记》

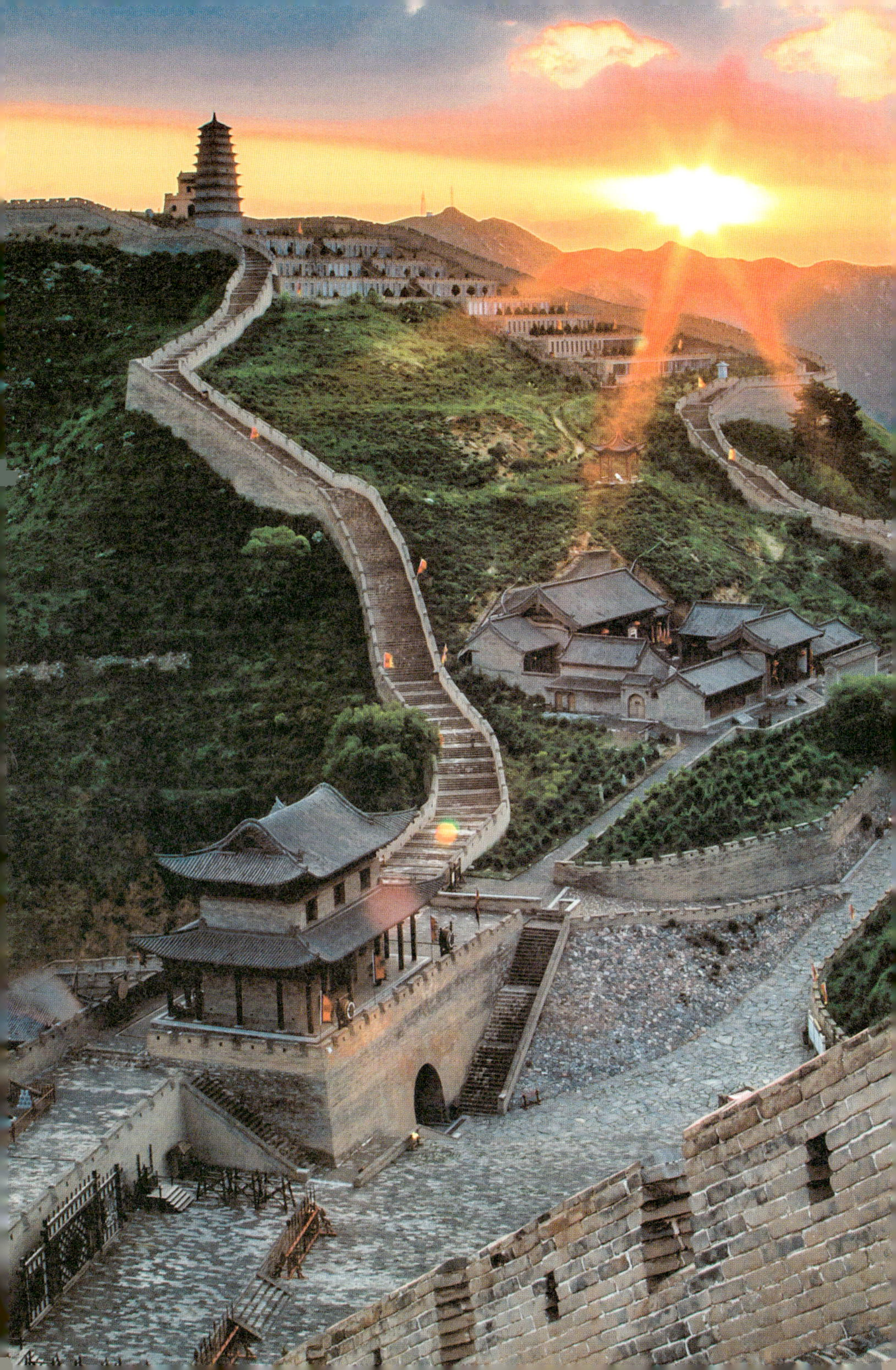

雁门关，三边冲要无双地，九塞尊崇第一关。

在很久很久的时间里，我都没有动过去雁门关看看的念头。因为雁门关太远了。

自东汉的张衡写《四愁诗》开始，"雁门关"就成为一个表达极遥远之意的意象，"我所思兮在雁门……路远莫致倚增叹"。之后，南朝的江淹，就是写"黯然销魂者，惟别而已矣"的那位，能想到离别最远的地方，还是在雁门关，"远与君别者，乃至雁门关"。再往后，庾信《咏雁诗》里说"南思洞庭水，北想雁门关"。可以说在这些时光里，雁门关几乎可以等同于天尽头了。一直到唐朝，疆域至为广大，但宪宗元和年间的状元诗人施肩吾还说，"雁门关外绝人家"。

然而雁门关也不陌生。历朝历代，吟咏雁门关的诗词作品有上千首，随便翻开一本诗集，"雁门"就迎面而来。我最喜欢的是李贺的《雁门太守行》：

黑云压城城欲摧，甲光向日金鳞开。

角声满天秋色里，塞上燕脂凝夜紫。

半卷红旗临易水，霜重鼓寒声不起。

报君黄金台上意，提携玉龙为君死。

可惜的是，这首诗并非李贺登临雁门所作，是其投谒韩愈的行卷。在李贺天才而短暂的一生中，他从未去过雁门关。甚至这首诗都不是为雁门关而作。所谓"雁门太守行"，仅仅是古乐府诗题，李贺沿袭其意而已。

可是，就是这首不算雁门诗的雁门诗，这首没去过雁门关的人写的雁门诗，读来却每每让人血脉偾张，也提示着人们，那是一座代表着金戈铁马、战火硝烟的雄关。

寂寞的千年雄关

大约20年前，为考察雁门关的战争史，我第一次去了雁门关。

雁门关在代县县城以北约20公里处，位于云中山和雁门山两山之间，自古属咽喉要道，兵家之必争。顾炎武在《天下郡国利病书》中描述其形势："重峦叠嶂，霞举云飞，两山对峙，其形如门，而群雁出于其间。"因而古人名为"雁门"。还有种说法来自《雁门关志》："代山高峻，鸟飞不越，中有一缺，鸿雁往来。代多鹰隼，雁

鸟瞰雁门关

过被害，惧其门不敢过，呼为巨门。雁欲过此山中，衔芦一枝，然后敢过。鹰隼见而惧之，不敢捕。雁得过山，即弃芦枝。因以名焉。"总而言之，都是在形容其高峻险拔。抗日战争时期，八路军120师358旅716团利用这个天险两次设伏打击日寇，突破了"兵不重伏"的用兵原则，在军事史上留下一段佳话。

"雁门"之名，最早见于《山海经》，原指位于今天阳高县的雁门山。战国时赵武灵王破林胡、楼烦后，于其地取雁门山之名设雁门郡。后秦朝再设雁门郡，郡治迁至今天朔州右玉，郡内巨镇勾注山取代了阳高县雁门山。勾注山原有勾注塞，即《吕氏春秋》中所言"天下九塞，勾注其一"，于是也被称为雁门塞了。"塞"，是"关"的异称，两者意思是一样的。《魏书》记载，北魏明元帝曾巡幸雁门关，并遥祀恒山。可见最晚在北魏时，雁门关已成为通称。

雁门关不是一座关，而是一个拥有双关的军事防卫体系，历史上被称为西陉关、东陉关。勾注山岭西为西陉关，岭东为东陉关，两关通过长城联为一体，互为倚防。根据防卫重点的不同，宋以前以西陉关为主，而东陉关辅之，宋以后则以东陉关为主，西陉关倚之。20世纪90年代，山西大学靳生禾教授、太原师范学院谢鸿喜教授经实地勘察，最终确定在今天雁门关西南5公里处、代县白草口乡和太和岭乡之间的分水岭上，当地民间俗称"铁裹门"的山口，即古雁门关西陉关遗址。今天所俗称的雁门关是东陉关。

东陉关在唐朝平定安史之乱的战争中作用得到凸显，到宋朝时，燕云十六州丧失，东陉关比西陉关更靠北，直面辽的军事威胁，因此成为宋朝北部边防最重要的关口。明朝时，为应对蒙古南侵，设立了九边重镇，东陉关——或者说雁门关——为其中之一，且地位愈加重要。明末曾任兵部职方司郎中的徐日久在其《五边典则》中说："国家西北藩篱，先大同，而代州雁门次之……雁门既固，则山西之地可保无虞矣！"自洪武七年（1374）修筑关城后，明朝建立并逐步完善了一个以雁门关关城为核心，各陉口、堡寨、烽燧以及边墙为辅助的严密防御体系，对边防稳固发挥了重要作用。光绪《山西通志》记载："洪武初，以地密迩云、朔，接壤沙漠，于代州置振武卫，辖六千户所，乃即州北四十里置雁门关。关外大石墙三道，小石墙二十五道。北为广武站。陉口十八……各有堡。"光绪《代州志》亦载："（雁门关）关城周二里有奇，傍山就险，屹为巨防。"

清朝入关后，雁门关远离边境，自此成为内陆普通陉口。军事上的意义既然不再，自然也不会再被格外用心维护，雁门关就此衰败，关城荒废，边墙倾塌，虽然同治年间得以重修，也只是聊存古迹而已，甚少有人再想起它"九塞尊崇第一关"的显赫。

我去时，雁门关刚被列为全国文物重点保护单位，还没有成为旅游景点，且不说游客稀少，代县县城到雁门关连公共交通都没有。我在县城找了辆出租车，司机师傅还不太情愿去，说回来要空跑。我也担心回来不好再找车,索性将车包了下来,拜托师傅拉我这一趟。

出了县城,走上了颠簸的乡间道路,走着走着,车停在了山脚。师傅和我说,车只能到这儿,得自个儿走上去了。

那段路并不长,也并不陡,虽然是砂石路,也不难走,普普通通的一段山路而已。唯一的记忆是,静。除了山风的呼啸和自己的呼吸,竟然一点儿旁的声音也没有。

那会儿已是深秋,山上的绿色已经褪去,显露着枯草和黄土的颜色。越往上走,越显荒凉,连山路上偶然能见到的巴掌大的庄稼地也没有了。这样的千古雄关,竟这样的寂寞。我有些惋惜,但也知道这是正常的——作为因战争而生的关隘来说,承平日久,寂寞是难免的。

没有走多远,转过一个弯,一座高大的关楼就卡在山口间。关楼两侧,是两道长城的城墙,一直延伸向山上,延伸向不可见的远方。虽然包砖已经没了,间或还有坍圮的地方,但依然像是两只强壮的胳膊环抱着这片土地。这样的姿态,已有五六百年。

关楼保存得还算完好,然而荒草萋萋,明显好久没人收拾,灰檐黑瓦,墙壁斑驳,即使是在明烈的阳光下,也显出几分暮色,就像一个退出战场多年的老兵。但是天穹之下的巨大身影和关楼上"中华第一关"的巨匾,又给人以孤高绝傲的感觉,像是那老兵眼神里偶然透露出锋芒。

未修复的雁门关

刚烈的北部要塞

建筑总有着自己的气质。雁门关的这种气质，是那些守关人给它浸染的。而那些人在史册中，留下了这样的故事：

李牧，赵国人，和白起、廉颇、王翦并称战国四大名将，是有史料记载的第一位雁门关守将，曾经一战破杀匈奴十余万骑，匈奴为之胆寒，因此十数年不敢靠近赵国边境。然而，赵王中了秦国的反间计，听信谗言冤杀了他。仅三个月后，赵国就亡了。

郅都，汉景帝时雁门太守，威名为匈奴所惮，匈奴一直到郅都死都不敢靠近雁门。为了练习胆量，匈奴人以郅都为原型制作了人偶充当箭靶，但号称精于骑射的匈奴人竟然一箭也射不中靶。后来，郅都因为得罪了太后被杀。

李广，曾在景帝时为雁门太守，以力战、善射知名，曾因天晚误将石头认作老虎，一箭射去，箭镞竟没入石中。他还曾一对三射杀了匈奴三个射雕手。匈奴人称李广为"飞将军"，在李广为右北平太守时，"避之数岁"。但李广命运多舛，其弟、其友、其属下封侯者众，独李广不得封。后来李广随卫青出击匈奴，因迷路而无功，被朝廷问罪。李广不甘心被刀笔吏所侮而自杀。消息传出，百姓无论老幼纷纷落泪。

杨业，北宋太宗时名将，军中号为"无敌"，任代州刺史兼三交驻泊兵马都部署时，率几千骑兵出雁门关西陉，从侧后出其不意发起攻击，大破契丹十万大军。因此，契丹人看见杨业的旌旗就远远避开。后来，监军王诜逼迫杨业出战，将杨业置于险地后又不支援。杨业苦战竟日，受伤被俘。契丹百般劝降，杨业秉守气节，绝食而亡。

陆仲亨，明朝开国的淮西二十四将之一，封吉安侯。陆仲亨17岁时被朱元璋收入麾下，是朱元璋亲自培养起来的战将，他随朱元璋一路南征北战，立下许多功劳，被朱元璋赞为"心腹股肱"。明朝洪武初年，出守代县雁门关。雁门关防御体系的框架，就是陆仲亨初步搭建的。后来因卷进了胡惟庸案，以谋反罪被杀。朱元璋说，我常常奇怪他身居高位却面带忧色（言下之意为此人原来是要造反）。然而，陆仲亨的忧色，难道不是因为朱元璋大肆诛杀功臣而为国惊惧吗？

……

这一个个才具超人、忠贞不贰、功勋卓著的名将，没有死在向前冲锋的路上，却死在了阴谋、嫉妒、猜忌、偏狭之下，读史至此，每每扼腕叹息。但也正是这些名将的存在，让雁门关有了悲慨的色彩，在天下众多关隘中独具刚烈的气质。可悲可叹，关城外，残存正德年间的李牧祠，祠宇在抗日战争时期被日寇所毁。祠外有碑刻，湮灭难识，其中有一句说："今者，守兵为可战矣，独少牧将军尔。"——像李牧这样的将军难道还少吗？少的是包容名将的朝堂啊。

不由得想起纳兰性德的几句词来："一抹晚烟荒戍垒，半竿斜日旧关城。古今幽恨几时平。"

带着些许惆怅，我登上关楼。脚下山梁起伏，远处大地辽阔。

雁门关位于蒙古高原与华北平原的分界线上，是万里中原的最北端，由此成为农耕民族与游牧民族冲突的第一线。

空迹昼苍茫，沙腥古战场。站在关楼上，我似乎看见：

号角不绝，一队队士兵从关城走出，旌旗蔽日，长枪如林。

夕阳斜照，一队队骑兵从地平线跃出，羽檄纷驰，疾进如风。

烽火连天，两方人马殊死搏杀，尸积如山，血流成河。

再厚的史书也写不出雁门关的惨烈。

"雁门"频频出现在史书里，每一次露面，都意味着大量生命的消逝。仅在西汉初期，据《史记》《汉书》等记载：

汉景帝中元六年（前144）六月，匈奴入雁门至武泉，吏卒战死者2000人。

汉景帝后二年（前142）三月，匈奴侵入雁门，太守冯敬战死。

汉武帝元光六年（前129）春，匈奴入寇，杀掠吏民。汉武帝派卫青、公孙敖、公孙贺、李广等各万骑分路出击。李广出雁门，被匈奴击败。

汉武帝元朔元年（前128）秋，匈奴侵入雁门，击败雁门郡都尉，杀略3000余人。汉武帝派卫青出雁门还击，斩获数千人。

汉武帝元朔三年（前126）六月，匈奴数万骑入塞，杀代郡太

如今郁郁葱葱的关外风光

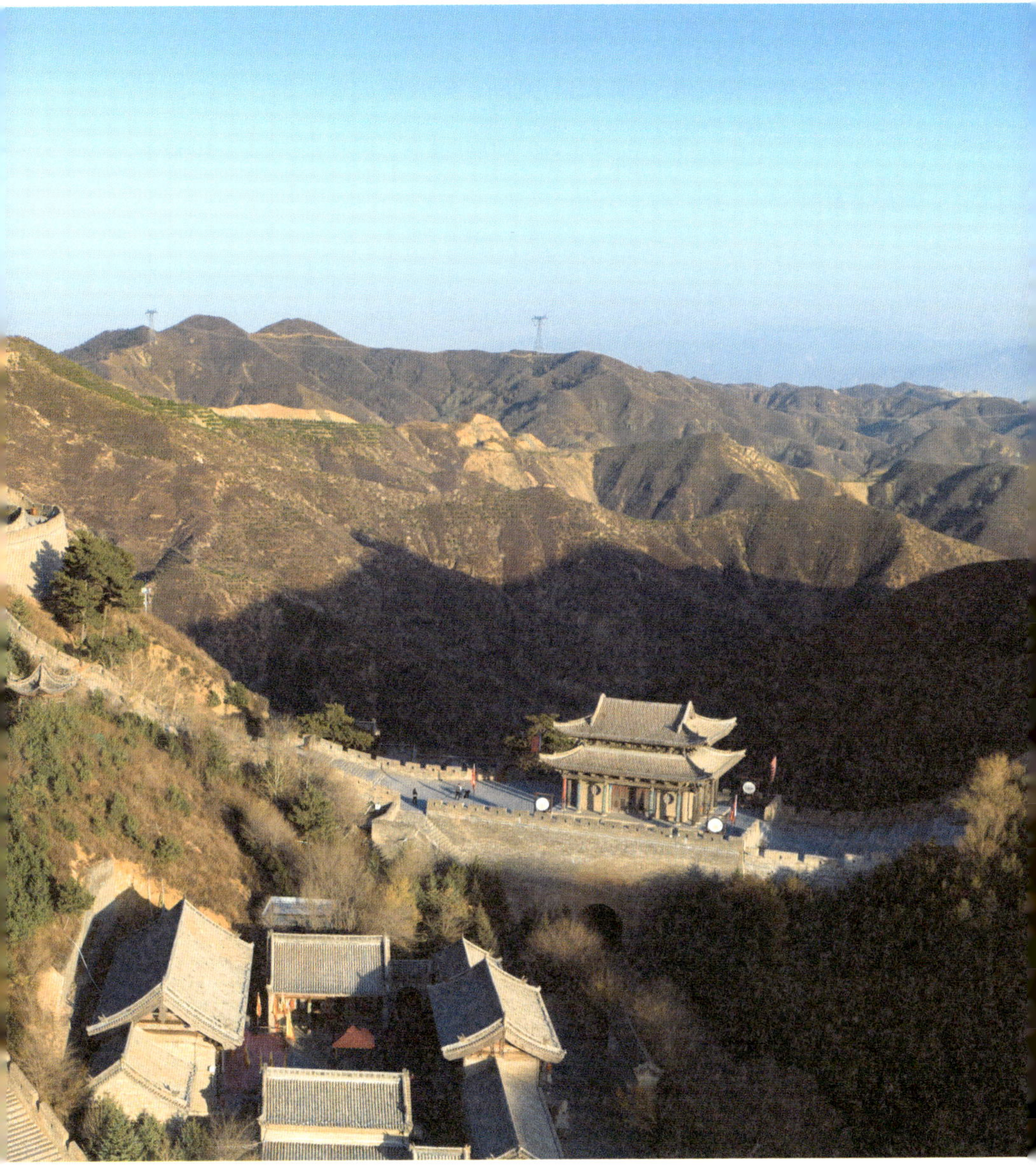

守,侵入雁门,杀略千余人而去。

汉武帝元狩二年(前121)夏间,匈奴侵入雁门郡,杀略数百人,李广等出击。李广带兵杀匈奴3000余人,但自己的部队4000多人却伤亡大半,李广仅以身免。

那些战死的人,比如太守冯敬——他好歹还留下一个名字,更多死去的士兵,却虚化为"数百""数千""万骑"中无人知晓、无人记得的一个。他们也活过,有自己或喜或悲的故事,也有自己的荣耀和梦想,但2000多年过后,都消散在了历史的烟云中,没有留下一点儿痕迹。

从山上下来,我和司机师傅说起了这点儿遗憾。不想师傅说,离雁门关不远,有一片墓地,传说是汉朝的墓,而且是雁门关戍边将士的墓。我赶紧催着师傅去看。

这片墓在雁门关西北十来里处,已经出了代县,到了山阴县地界。墓就在公路旁,车辆来来往往,没有人停留。要不是有当地人带着,连我也注意不到——那就是些大土堆而已。

一个一个的大土堆,散布在长满了荒草和灌木的田野上,占据了好几里的地方。这些墓多数很矮,只有一人多高的样子,最高的也只有两三层楼高。师傅说,那可能是将军墓。我深一脚浅一脚地走在那些墓中间,偶尔还会被鼠洞、兔穴什么的绊一下——希望那不是盗洞。但走来走去,我没发现一块墓碑或者任何有标识的东西。我更加遗憾了。他们确实留下了一些印迹,但对于2000多年后的我,还是像这塞北的风一样，只能感受到它的存在，却看不见一点儿踪影。

当然，他们大抵是不在乎的。他们已经和身后的雁门关融在一起，成了那座雄关看不见却最重要的一部分。他们生前就在雁门关抵御敌人，就是死了，还要在雁门关下守望，生死不渝。

回来后查阅资料发现，原来这片墓是全国重点文物保护单位，名为广武汉墓群。初步的考古发掘证明，这片墓是东汉的，但不属于戍边将士，这其实是广武城中富户的墓——戍边的将士，真的什么都没留下。他们肯定走过雁门关城门中的青石路，然而，尽管我们能看见清晰的车辙，但终究无法确定是谁的印迹。

那条路上，走过太多的人。

频繁的民族交往

走过雁门关的人，还有王昭君。"昭君出塞"是个流传既广且久的故事。

自古相传，昭君所出之"塞"就是雁门关。在她出关时，大雁在天上盘旋，见到了昭君之美，惊讶到忘记挥动翅膀，径直从天上掉了下来。落雁的昭君，就这样与沉鱼的西施、闭月的貂蝉、羞花的杨玉环并称为中国古代四大美人。

王昭君是汉元帝时的宫女。当时大汉强盛，对匈奴已经有着压

远观雁门关

雁门关，山坡险恶，雁门关上虎气凯歌

倒性优势。而匈奴内部分裂，彼此争斗，最终形成南北两部。北匈奴首领郅支单于被汉朝斩杀后，南匈奴呼韩邪单于自请归附，且向汉元帝求亲，愿为汉家女婿。时为宫女的王昭君不愿在深宫孤寂一生，于是自请出塞和亲。元帝本不认识昭君，此时见昭君貌美，心有不舍，但天子金口玉言，还是忍痛割爱，事后杀了为宫女们画像的画师毛延寿。

此后，"昭君出塞"成为文人非常喜欢用的典故。有些人惋惜昭君的命运，"一去紫台连朔漠，独留青冢向黄昏"；有些人以昭君自况，怨恨君王不赏识自己，"君王视听能无壅，延寿何知敢妄陈"；还有些人借昭君来批评王朝对外的软弱，"遂令上策重和亲，欲倚红颜清塞尘"。

然而，探究历史可以发现，此时的和亲与汉初的和亲大不一样。西汉高祖、文帝、景帝选人和亲的目的在于，以表面上的姻亲关系、实际上的财物输送来减少匈奴的南侵，为汉朝积蓄国力争取时间，有些效果，但并不显著，且对汉王朝来说，有些屈辱的色彩。而自汉武帝以来，数年对匈奴的战争使匈奴遭受了重大的打击，且匈奴内部纷争不断，分裂为南北匈奴，其与汉朝之间的主客之势完全逆转，南匈奴甚至成为汉朝藩属。呼韩邪单于向汉元帝求娶汉家女子是为了再次表明臣服和归顺的诚心。之后，汉匈之间有了数十年的和平，班固在《汉书·匈奴传》中说："是时，边城晏闭，牛马布野，三世无犬吠之警，黎庶无干戈之役。"

历来文人对昭君总是充满同情，认为她在匈奴一定过得非常悲惨，还替她创作了《昭君怨》这样的作品。可是，尽管王昭君有嫁给父子两代单于的不适（匈奴人有收继婚的传统，父死，子妻其后母），但她在匈奴地位尊贵，被封为"宁胡阏氏"，与两代单于生儿育女，也许她的境况未必像我们想象中那样痛苦。而且，王昭君带去了种地、纺织的技术，帮助匈奴人提高了生产力和生活水平，因此受到了匈奴人的广泛尊重。可以说，她是汉匈和平的使者，而"昭君出塞"更可以看作是农耕民族和游牧民族能够和睦相处的象征之一。

两汉之后，经过近400年的乱世，唐朝依靠宽广包容的心胸走上了古代王朝的顶峰。唐朝初年，突厥灭亡，大唐帝国的疆域远至贝加尔湖地区，唐朝成为一个统一强盛的多民族国家，使胡汉之分前所未有地淡化。唐玄宗时，大诗人崔颢游历边塞，写下了一首《雁门胡人歌》：

> 高山代郡东接燕，雁门胡人家近边。
> 解放胡鹰逐塞鸟，能将代马猎秋田。
> 山头野火寒多烧，雨里孤峰湿作烟。
> 闻道辽西无斗战，时时醉向酒家眠。

这首诗讲述了一个"雁门胡人"轻松惬意的生活，在众多边塞诗中独具一格。曾经用来探察敌情的"胡鹰"被放飞自由去追逐鸟雀，曾经驰骋疆场的"代马"也只用作游猎。山上野火自烧，峰岭烟云缭绕，却不像烽火狼烟那样令人心惊。现在已经没有战争了，这个胡人可以放心地饮酒直至酩酊大醉，大不了就睡在酒家。这是和平带给各民族人民的安乐生活。此时，想必雁门关上来来往往的，也尽是胡汉的百姓，胡无侵念，汉无防心，万国和合，四海一家。

唐朝武功鼎盛，声威赫赫，边疆自然和平。但即使是在宋朝那样一个被公认军事实力差、朝廷软弱的王朝，边疆也并非时时刻刻被战火笼罩。

雁门关东门

真宗景德二年（1005），宋辽签订澶渊之盟。很多人说，宋朝用岁币换和平，显示了宋朝的苟安心态。但定盟是双方共同的诉求，妥协退让的并非只是宋朝。澶渊之盟给两国带来长久的和平，北宋国祚167年，而宋辽之间大致的和平持续了116年。苏辙曾评价说："稍以金帛啖之。虏（辽）欣然听命，岁遣使介，修邻国之好。逮今百数十年，而北边之民，不识干戈。此汉、唐之盛所未有也。"李纲也说："自秦汉以来，制御戎狄，未有得上策者。惟本朝与契丹为澶渊之盟，守之以信，结之以恩，百有余年，边境晏安，兵革不用，和好之笃，古所未有。"

两朝的和好让国帑再不需要靡费在战争。景德二年（1005）盟约签订，景德四年（1007），宋朝就减少了驻守雁门关的兵员，"减并、代戍兵，屯河东，以省馈运"，且在边境地区开设榷场，双方互通有无。"（景德）三年……凡官鬻物如旧，而增缯帛、漆器、粳糯，所入者有银钱、布、羊马、橐驼，岁获四十余万"（《宋史·食货志》），而根据澶渊之盟，宋朝给出的岁币每年只有30万。

雁门关曾经也是宋朝榷场之一，后来宋朝明确对辽贸易只在河北的雄州、霸州、安肃军、广信军这四大榷场进行，雁门关榷场关闭。不过，辽在朔州南开设了榷场，所以雁门古道仍然是繁忙的贸易线路，让雄关的肃杀之气变成熙攘的生气。

岁月流转，王朝兴替。金元易代，明清鼎革，人间几度沧桑。雁门关金鼓之声渐渐不闻，商队的驼铃叮当，敲碎了古道的寂静。

繁忙的商贸孔道

雁门关关城下，有一块石碑，立于乾隆三十六年（1771）三月。内容为："正堂禁示：雁门关北路紧靠山崖，往来车辆不能并行，屡起争端，为商民之累。本州相度形势，于东陲另开车道，凡南来车辆于东路行走，北来车辆从西路径由。不得故违，干咎未便。特示。"这是代州州府衙门的公告，起因是雁门关道狭窄，来往车辆因抢路屡有争端，于是官府不仅开辟道路，还特意规定了相向车辆的

雁门关石板路上深深的车辙

行走方式。从这告示不难看出当时雁门关道商民往来之频繁和商贸之发达。

　　清朝康熙中晚期后，蒙古局势趋于稳定。为改变草原生产方式和生活方式，清政府鼓励内地居民去蒙古地区耕种、经商。这便是民间俗称的"走口外"。这个"口"意为"关口"，通常分为东口张家口和西口杀虎口。不论是去东口还是西口，走口外非得经过雁门关。

俯瞰雁门关

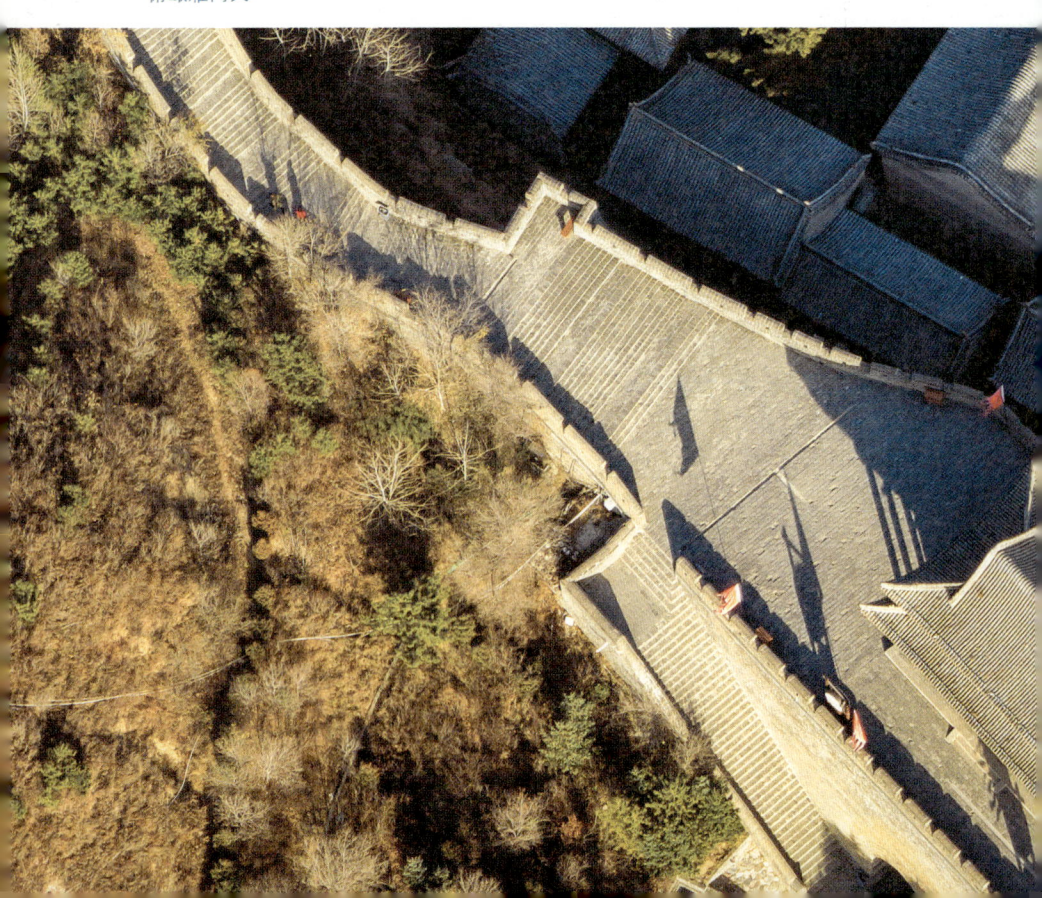

关外不远的黄花梁上有一个叫旗道地的地方，有个三岔口，走口外的人在那儿分别，去寻找自己的乐土——经大同、阳高、天镇去东口，经左云、右玉去往西口，然后便到蒙古大草原。到乾隆年间，走口外的人越来越多，由此才出现了雁门关的那块"交通规则"碑。

忻州、代州靠近口外，有地利之便，加之两州本身人口益繁，地狭且瘠，生活艰难，去口外讨生活的动力和愿望非常强。他们春

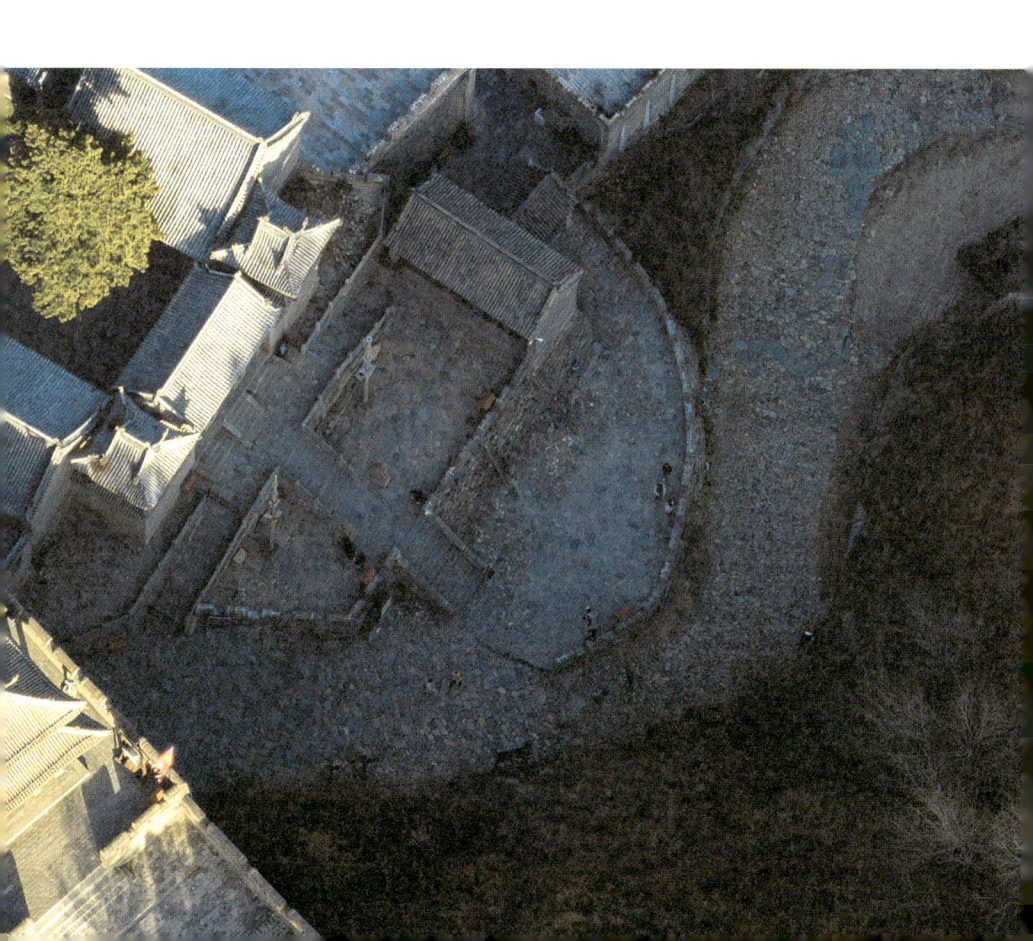

去秋回,被称为"雁行客",不仅养活家中老弱,由此致富者也非常多。乾隆二十六年(1761),归化城设关,忻代州民更加活跃,形成了著名的"忻代商帮"。众所周知,作为明清最大商帮晋商,晋中籍商人是大多数,而忻代商人仅次于晋中商人,是晋商在蒙疆的第二大群体。

忻代商人和晋中商人一样,从运输业和日用杂货业起家,有些人积累财富后开始经营粮食和茶叶,实力更加壮大后,又涉足当铺、票号这些行业。百年集聚,忻代商人在某些地方甚至要超过晋中商人。开玩笑地说,雁门关发生了那么多次战争,忻代州民把2000多年战场的经验用在商场之上,自然是无往不利。

令人惊讶的是,雁门关的这条商贸之路出现得远比我们想象的要早。

20世纪60年代,日本学者近山晶提出,中国古代存在一条与丝绸之路并行的通道,就是玉石之路。1989年,杨伯达首次提出"玉石之路"这一构想,他把从和田向东专门运输和田玉的道路称为"玉石之路"或"昆山玉路"。这条玉石之路向东由新疆进入甘肃,经宁夏、山西、陕西进入河南,向西由新疆进入乌兹别克斯坦到欧亚各国。所谓丝绸之路,是因为中原向外输送的标志性产品是丝绸,域外自然会称之为丝绸之路,而中原最想得到的来自新疆的珍奇却是玉石,所以称之为玉石之路。这只是视角的不同而已。商代妇好墓中发现的和田玉制作的各种玉器,证明了这条玉石之路的存在。

学者巫新华更是认为，在史前时期（距今6000—5000年前）很可能就有一条从和田出发向东运输玉石的路线。一位法国学者甚至提出，欧亚大陆之间有诸多的贸易路线，运输的货物也不只有丝绸、茶叶，更有玉石、黄金等珍稀物品。

雁门关是这条玉石之路的重要节点。新疆和田玉由玉门关踏上去往中原之路——玉门关正是因此得名——一路东行，两次渡过黄河，最后到达雁门关。雁门关是蒙古草原和中原的分界线，也是玉石之路进入中原的最后一个关口。进了雁门关，穿过山西的一系列盆地，向南可抵湘楚，向东可至豫鲁。妇好墓中的和田玉，很有可能就是如此而来。而《穆天子传》中说，周穆王西巡，从洛阳出发，渡过黄河，进入山西，然后又渡过漳水，向北行进，跨过滹沱河，过了古雁门关，由此西行，一直走到昆仑"群玉之山"，取"玉版三乘""玉器服物""载玉万只"。千年后，汉朝张骞"凿空西域"，引通丝绸之路，正是随着玉石之路的指引，才能到达西域各国。

雁门关见证了丝绸和玉石的往来，也见证了民族的交流和融合。玉石之路后，是丝绸之路；丝绸之路后，是晋商的万里茶路。其时雁门关亦是晋商从万里茶路贩运茶叶前往蒙古大草原的唯一孔道。

事实上，2000多年来，尽管雁门关战争频仍，据说有上千次之多，但将时间拉长，和平的时间还是要远远大于战争的时间。因为

修复后的雁门关

农耕民族和游牧民族的战争，本质上还是对生存空间的争夺。如果不用发动战争，各个民族也能顺利发展，那么无论汉人胡人，无论士兵将军，没有谁愿意置身于血肉横飞的战场。武侠小说名家金庸以宋辽恩怨为背景撰写的《天龙八部》，主人公萧峰身为契丹人却被宋人抚养长大，这样的身世让他在宋辽间左右为难，最后无奈在雁门关下自尽。他的困扰就在于：我和这些人（汉人）说一样的话，吃一样的饭，又有什么分别？为什么大家好好的都是人，却要强分为契丹、大宋、女真、高丽？

"乃知兵者是凶器，圣人不得已而用之"，这是古人都知道的道理。而要让民族间没有战争，这在古代只有疆域无限广阔的、大一统的多民族国家才能做到，例如唐、元、清。金元之际的一代文宗元好问写过一首《雁门关外》，诗中说："四海于今正一家，生民何处不桑麻？"说的正是这个道理。

安宁的盛世胜景

到今年（2024），正是中华人民共和国成立75周年。原来积贫积弱的旧中国现在已经昂扬地立于世界民族之林，古老的中华民族浴火重生，和平安宁、富饶强盛是每个中国人司空见惯毫不为奇的日常，五十六个民族亲如一家，都是中华民族大家庭的兄弟姐妹。而雁门关，远去了鼓角争鸣，交通和商贸的发展也让辚辚车声消失在雁门古道。雁门关安静了，也更落寞了。

2010年初春，我还去过一次雁门关。关上冰雪初融，汇成数条小溪，从山上潺潺流下。关楼依然破败，但旁边摆着的砖瓦木石告诉我，雁门关的春天就要来了。

就在此前一年（2009），为促进文旅产业发展，代县开始大规模修复雁门关。2013年，雁门关景区开始冲击全国5A级景区。2017年2月27日，在全国旅游规划发展会议上，雁门关景区被国家旅游局授予5A级景区证牌，成为山西第七个5A级景区。

不到雁门关，不知三晋形胜。不到雁门关，不知山河壮美。

从2017年起，我又想去雁门关了，想去看看新修的雁门关，不为吊古，不为怀人，就是单纯地去旅游。

2023年夏天，找到一个机会，又一次来到雁门关。

我几乎已经认不出它了。当年来雁门关，只有破败的关城和李牧祠前的旗杆、石狮。而这一次，雁门关几乎恢复到明朝全盛时的样子，甚至还要更加壮观。

不用再从沙石路走上去了，车直接能开到景区大门前。景区大门是依照明嘉靖年间的关城城门复建，门匾上写的是明月楼，容易让人想起张若虚的诗"何处相思明月楼"。如今来说，哪怕"我之所思在雁门"，也不用"路远莫致倚增叹"了。

雁门关获评5A级景区以来，就成为全国旅游的一个热点。2023年中秋、国庆假期，每天都要迎接全国各地的游客上万人，景区不得不为此发布公告称门票预约已达上限，希望游客谨慎前往。

我去的时候是暑期，不算旺季，不至于像新闻中看到的那样自驾游的车一直排到山下。但游客还是不少，我好不容易才在停车场找到车位。

随着人流走进景区，就是雁门关村。村民都已搬迁，村中房子都按照明清建筑的样子整修，并建成了一条民俗风情街，叫"边贸街"，街两旁摆放着些旅游纪念品，也有当地的美食小吃。街两头有牌楼，一写"达北漠"，一写"通南江"——正如前述，这样的描述其实还有些保守。

走过边贸街，就是雁门关景区的核心区域了。瓮城、天险门、地利门、宁边楼等都已复建，关城巍峨，楼台宏伟，不负这一座千古雄关。

天险门是关城主城门，"中华第一关"的巨匾还挂在上面，只是不知道是不是我当年见过的那一块。城门门额上有"天险"二字，传说是武则天所书。"天"用的是异体字"矕"，俗传此字是武则天所造，其实并非如此，包括对面地利门门额上的"埊"（地）也一样，都是武则天不知道从哪本古书上发掘出来的"死文字"。

再次登上关楼，心境和20年前大不一样。只见满目苍翠，群峰叠嶂，长城蜿蜒，雁塔峭立，气象壮阔，而在雄浑的雁楼下，游客欢声笑语，孩子追逐打闹，给这古朴的景区添了几分生气。我不由想着，若雁门关有知，也该为这盛世景象而赞叹吧。

镇边祠

下了关城，便是镇边祠，原是纪念李牧的武安君庙，清朝改为佛寺，名为护国镇边寺。2009年后依原样复制，改称镇边祠，把所有镇守过雁门关的名将、名臣都请了进来——偃公堂里姬幸，周文王之子，传说是第一位封到雁门关的守将；忠武堂里是杨业和他的八个儿子；群英堂里是卫青、薛仁贵、张公瑾等历朝名将；武安堂里则是李牧、李广以及其他李姓名将；文定堂里则是宋朝张齐贤、汉朝郅都等文臣；武惠堂里是潘美，是民间传说中陷害杨家将的奸臣，当然在真实的历史中他虽然有错，但因功大于过，所以也被请了进来——一个一个的名字念过去，好像又重新读了一遍历史，读了雁门关这写满传奇的2000年，怪不得人们说"一座雁门关，半部华夏史"。稍有遗憾的是，里面的人物只截至明朝，我想，指挥了雁门关伏击战的贺炳炎、廖汉生，以及浴血塞北壮烈牺牲的八路军120师雁北独立第六支队骑兵营教导员李林等，也是有资格和他们并列的。况且，现在看来，汉人胡人之间的战事是中华民族内部矛盾，而八路军却是抗击外侮，是他们在国土沦丧、民族危亡的时候成为全民抗战的中流砥柱，塑造了国魂，也振奋了中华民族的精神。

俱往矣。雁门关新的故事，从那一刻就已经开始。

雁门关雪景

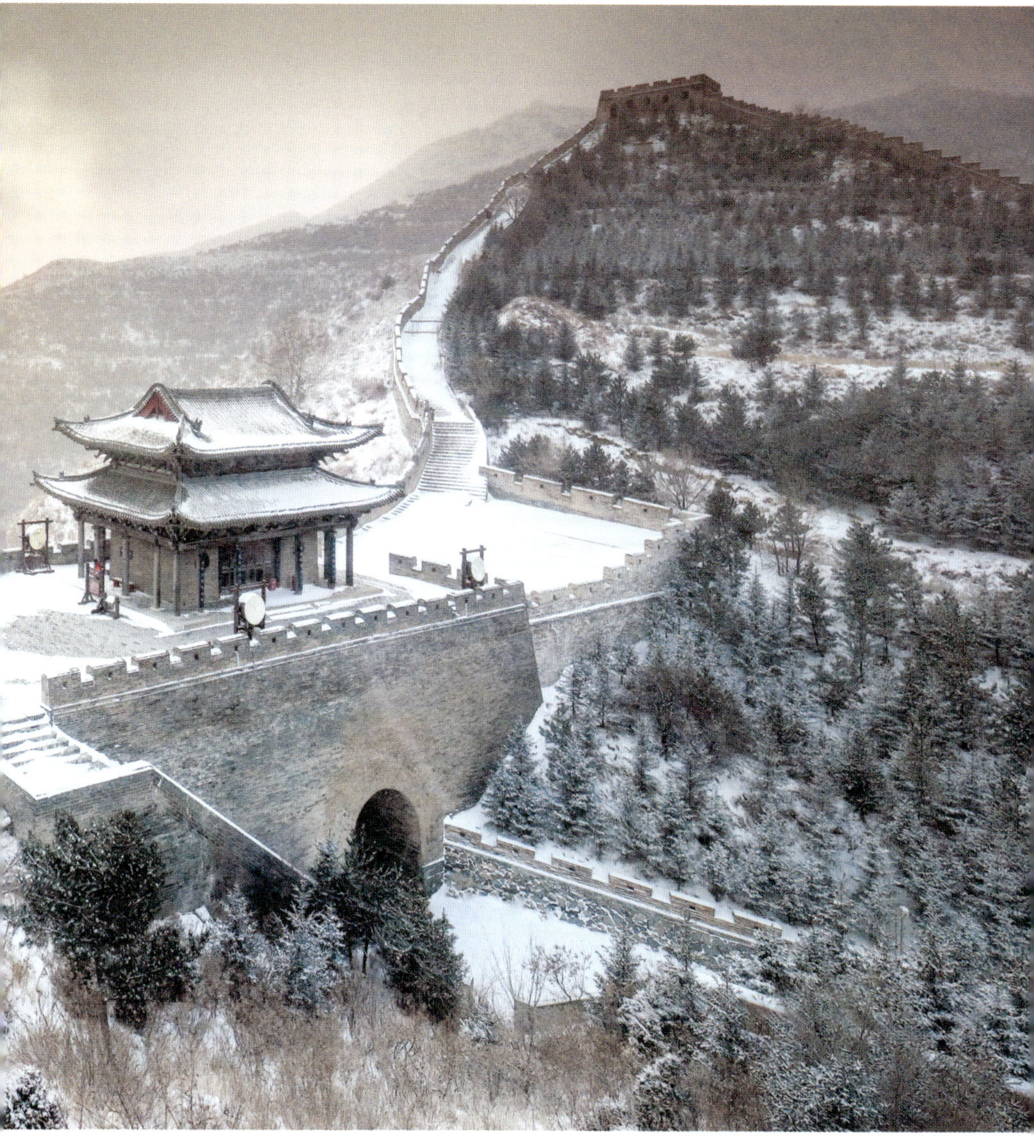

洪洞大槐树

遥远的大槐树

  对于世代耕耘的山西农民而言，告别父老，离开故土，走上坎坷漫长的迁徙之路，是一段难以言喻的辛酸历程。因此，景物佳绝，兴隆繁盛的洪洞作为他们离开山西时留下的最美好的记忆，郁郁葱葱的大槐树也就永远烙印在他们的脑海中，成为他们永远依恋的精神家园。这大概是绝大多数山西移民将洪洞作为故园，将大槐树作为故乡标志的最根本的原因。

  ——历史地理学家、复旦大学教授安介生《山西移民史》

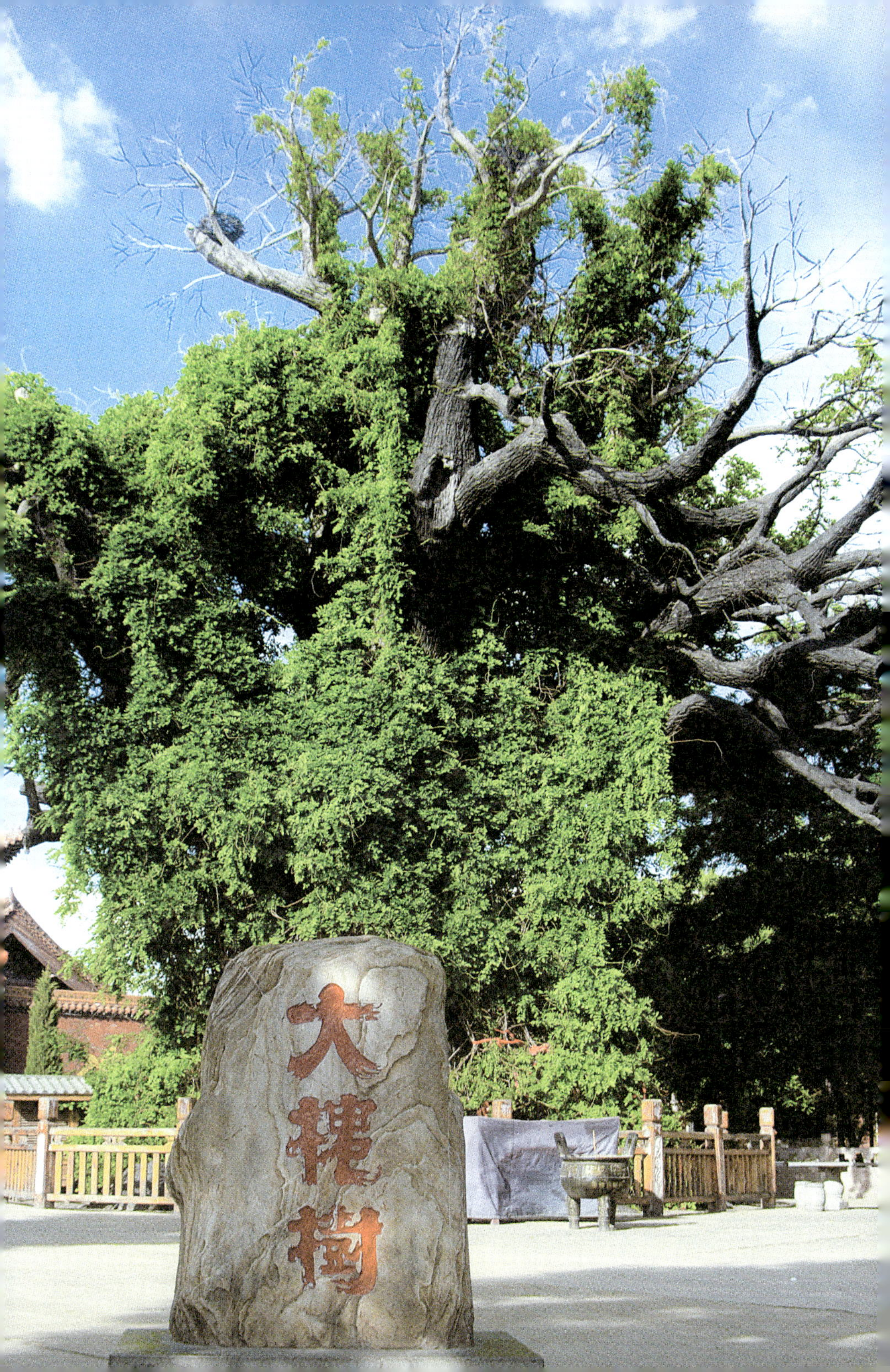
大榕樹

北京市大兴区有条凤河，据说是清朝妃子们垂钓的地方，因此被称为"凤河"，河面不宽，水流也不湍急，两岸景色也很普通，只是寻常北方郊野的样子。它和缓地横贯大兴区，串联起5个乡镇数十个村庄。奇怪的是，这些村庄的名字有很多取自山西的地名，如石州营、霍州营、孝义营、解州营、赵城营、长子营等，略微数数，有小20个。

以别处的地名命名本地的地方，本也不出奇，如上海有山西路，沈阳有太原街，然而如此大规模集中地出现，背后必有缘由。几年前，《山西晚报》曾派出采访团专程调查，发现村里的人都声称他们祖先几百年前从山西迁来，是洪洞大槐树移民的后裔。

据调查，不仅是这些以山西州县名命名的村落，大兴区526个自然村，可能有110个是山西迁民所建；不仅是大兴区，顺义区、房山区、延庆区等地方也多有山西洪洞大槐树移民村落。

这些村落，揭示出约600年前一段被尘封的往事。

古槐庇佑桑梓

数百年来,"洪洞大槐树移民"都是姑妄言之、姑且听之的传说故事,它的流传靠一辈又一辈老人的念叨,靠家谱中语焉不详的记载,靠祖坟墓碑上斑驳不清的镌文,或者可以说,靠我们中华民族由来已久的根祖情结。然而,这些流传在乡野的传说既不雅驯,也无确证,让真正能够著书立说的读书人很是瞧不上,所以从未出现在正史中,更不会被那些喜欢凭古吊今的诗人吟咏。

突然有一天,洪洞大槐树被人想起了。

宣统三年(1911),有着268年历史的大清王朝走到了尽头。从武汉三镇掀起的革命浪潮席卷了大半个中国,各省纷纷响应。山西的同盟会发动起义,新军士兵打死了巡抚陆钟琦、协统谭振德,宣告光复,并推举阎锡山担任了山西军政府都督。不数日,各州府陆续脱离了清政府统治。山西处于南北交通咽喉要道,一时天下震动,义军振奋而清廷惊骇。于是,清廷派新军第三镇第五协卢永祥部入晋"平乱"。

卢部来势汹汹,很快攻下了娘子关,打进了太原城,并从北往南扫荡。山西的革命力量比较弱小,不如卢部善战,连连失利,且战且退,卢部就攻进了赵城县(今洪洞县赵城镇)。

山西起义之时,赵城人张煌是冲进巡抚衙门的奋勇队队长,据说陆钟琦就死在他刀下。赵城作为这个"反贼"的老家,招致了残酷的报复。赵城士绅张瑞玑上书袁世凯和张锡銮诉说惨象："（居民）无贫富贵贱，一律被抢，不余一家，不遗一物，冰雹猛雨，无比遍及……三日后，终载而南去也，车四百辆，骆驼三百头，马数千蹄，负包担囊相属于道。"而乱军过后的赵城"城无市，邻无炊烟，鸡犬无声，家无门户窗，籍笥无遗缕，盘盖无完缶，书籍图书无整幅，墙壁倾圮，地深三尺……"古话说"匪过如梳，兵过如篦"，诚不我欺。

赵城县毗邻洪洞，闻听邻县遭此厄运，洪洞士民惶恐不安又无计可施，只能等待着莫测的灾难降临。然而事情恰恰相反，那些比土匪更凶恶的卢部士兵到了洪洞军纪却突然好了起来。这可不是因为长官们良心发现——实际上在洪洞他们还发了"半天不点名"的命令（默许士兵去抢掠），但士兵们自己就规矩起来。非但如此，他们还专门去洪洞县县北贾村的一棵老槐树下，叩拜焚香，贡献财物。原来，卢部士兵多从冀鲁豫三省招募，这些人从小就听家里老人说，他们的祖籍、他们的根就是山西洪洞大槐树。古人最重乡谊，"亲不亲，故乡人"，这次好不容易回到老家，"认祖归宗"虽然来不及，但肯定不会抢掠"家人"。洪洞县由此保全，县民纷纷感谢大槐树的恩佑。

大约在此之前，洪洞贾村人景大启在山东做官，任曹州府观城厅典史。官场应酬交往之时，一说自己乡贯，对方往往热络几分，大多数还要攀攀交情，许多人说和景大启是同乡，几百年前从洪洞

大槐树与"中国根"

大槐树迁出的。景大启很惊讶，原来自己童年时攀爬的那棵大槐树，竟然是千里之外的人的念想。

景大启卸任后被长山县县令、同乡刘子林招至幕中。两人闲暇时聊天，得知刘子林也有同样的经历，于是感叹不已。然而景大启说到，如今大槐树处毫无标识，恐怕万一被无知之人砍伐，应该妥善保护为上。念头一起，两人就行动起来，多方募捐集款390余金，并邮寄回乡，希望能修缮一下。

很快辛亥革命爆发，工程还没怎么动就停了下来。民国二年（1913），景大启结束宦游回到家乡，见时局安定，就想继续进行修缮工程。因为前两年大槐树庇护了全县百姓，得知有人提议，满城士绅群情鼓舞，纷纷解囊，又集资300余缗，修建了碑亭，里面有"古大槐树处"碑一通；又有牌坊，上写"荫庇群生"，以赞誉大槐树之保境安民功德；还有茶室，供往来客商休憩。

民国三年（1914），工程竣工，成为洪洞盛事，"群贤毕至，少长咸集"，一块巨碑被立了起来，由曾做过县令的贺柏寿撰写碑文，记载了工程始末，众人观赏之余，纷纷作诗文以贺其事，并彰景大启首倡之功。其中曾任过广东庆远知府的李春浦的诗《大槐树怀古》为：

苍苍秦岭松，郁郁汉宫柳。

长留天地间，谁与争悠久。

云山护大槐，垂荫可数亩。
聚族万千家，鳞比难齿数。
有明洪永年，朔南迁户口。
天涯各一方，至今不忘祖。
民国改革初，行役归故土。
基址何处寻，殷勤问老叟。
昔日树参天，今时何所有。
丰碑矗其前，高塔耸其后。
廊庑焕然新，景君功居首。
贺君大文章，武君大书手。
古迹今复存，斯人亦不朽。
我来且停车，瞻仰周道右。

于景大启而言，李春浦所说"廊庑焕然新，景君功居首"毫不夸张，更值得一提的是，景大启后半生的精力都用在了钩沉大槐树往事上。他不仅参与编撰《洪洞县志》，增补了大槐树移民历史，还亲自编纂《古大槐树志》，是大槐树移民研究的第一人。

百万移民实中原

李春浦的诗中，对洪洞大槐树移民历史描述得非常简单，"有明洪永年，朔南迁户口。天涯各一方，至今不忘祖"。区区20个字，完全无法展现那段波澜壮阔而又充满辛酸的历史。

时间回溯到600年前。

元朝末年，黄河不断泛滥，中原大地屡遭洪灾，百姓难以为生。雪上加霜的是，为治理黄河，元朝征发了上百万壮丁。就像历史上一再上演的那样，朝廷不惜民力，罔顾百姓死活，那留给百姓的只有一条路了——造反。

"莫道石人一只眼，挑动黄河天下反"，白莲教领袖四处散布童谣，至正十一年（1351），河工果然挖出一个背后刻着"莫道石人一只眼，此物一出天下反"的石人，轰轰烈烈的红巾军大起义就此爆发，河南、河北、山东、安徽等地旬日之间山河变色，为义军所占据。元王朝急忙派大军镇压。双方你来我往，争地盘、抢民口、征粮食、拉壮丁，没有一日安宁。

至正二十八年（1368），朱元璋派徐达、常遇春攻进大都，结束元朝统治，17年农民起义的战火将富饶的中原大地烧成白地，百姓死走逃亡，十不存一。朱元璋说："中原诸州元季战争受祸最惨，积骸成丘，居民鲜少。"

山西在元朝是"腹里"地区，尤为元政府所重视。义军虽攻入山西，连克州县，但不久就被击退。一直到灭亡前，元朝统治者都牢牢把山西控制在手中——虽然分属不同的军阀。因山西为粮饷供给之地，被他们视为禁脔。百姓虽然免不了被盘剥，但除了部分地区外，好歹躲开了战争这个最大的破坏因素。即使是后来朱元璋北伐，徐达、常遇春进攻山西之时，因大都已陷落，元朝守将无心抵抗，所以不到两三个月山西地区就被平定了，动荡不算太大。

另一方面，山西地势高拔，黄河再泛滥也淹不到。周边百姓纷纷翻过太行山去山西讨生活，由此山西竟然成为乱世当中难得的净土。有资料记载，明初，政府统计人口，全国计不到6000万，而山西一地，就有450万左右。

一边是中原大地的"千里无人烟"，一边是山西的"地窄人稠"。情况是明摆着的。洪武三年（1370），郑州知州苏琦上疏："自辛卯河南兵起，天下骚然，兼以元政衰微，将帅凌暴，十年之间，耕桑之地变为草莽。方今命将出师廓清天下，若不设法招徕耕种，以实中原，恐日久国用虚竭。为今之计，莫若计复业之民垦田外，其余荒芜土田，宜责之守令召诱流移未入籍之民。"朱元璋采纳了这个建议，并付诸实施。

史家总结，洪武年间的移民有两种类型。一种是带有惩罚性质的军事性移民，即为消除边患，将元朝残余势力、反抗势力从山西北部边境地区迁往京师和内地。另一种是为恢复生产进行的垦荒性移民。如洪武二十一年（1388），户部郎中刘九皋上疏："古者狭乡之民，迁于宽乡，盖欲地不失利，民有恒业。今河北诸处自兵后，田多荒芜，居民鲜少，山东、西之民，自入国朝，生齿日繁，宜令分丁徙居宽闲之地，开种田亩，如此国赋增而民生遂矣。"朱元璋做

大槐树寻根祭祖园鸟瞰图

洪洞大槐树 遥远的大槐树

出决定，说山东地广，民不必迁；山西民众，宜如其言。于是从本年开始，一场屯垦型移民运动就此开始。到洪武二十八年（1395），向河南、河北、山东、北平等地迁民达六七十万人以上。同时，山西居民向大同一带的军屯迁民亦在十万人左右。

这数十万移民缓解了山西人口过盛、土地承载力不足的问题，又让没有人烟的中原恢复了些许元气。不幸的是，太平时光没有几年，靖难之役开始了。

朱元璋死后，其孙朱允炆继位。登基以后，朱允炆感到藩王势力太强，对中央集权是危害，于是开始削藩。但因其操作仓促莽撞，激起了各地藩王的反抗。镇守北平的燕王朱棣顺势起兵，以"清君侧"的名义掀起靖难之役。

靖难之役持续了4年，以朱棣攻进南京、朱允炆自焚而宣告结束。朱棣从侄儿手里抢走了皇位，登基做了皇帝，年号"永乐"。这虽然是一场明皇室内部的纷争，却让好不容易安定的中原又一次饱受战火蹂躏。看靖难之役的路线，朱棣铁骑一路南下，所过又是河北、河南、山东乃至江淮这些元末义军与元军鏖战之地，且燕军暴虐残暴，动辄屠城，导致数千里内生灵涂炭，尸骨遍野，惨状更甚元末。

明朝分封在山西的藩王是在大同的代王、在太原的晋王和在潞州（今长治）的沈王。站在同为藩王的立场上，他们即使不加入朱棣的靖难军，想必也不会帮朱允炆。而靖难之役的路线，又是从北平经山东南下，所以山西又幸运地躲过了一劫。

靖难之役后，为解决战争过后的人口空白、耕地荒芜问题，朱棣像他的父亲一样，将目光投向了山西。山西又一次的大规模移民开始了。

从洪武三十五年（即建文四年，1402）开始，永乐年间，山西晋中、晋南和晋东南地区陆续向河北、河南、山东地区发遣移民，保守估计数量在10万人以上。

安介生在其《山西移民史》中总结道："明代初年（包括洪武时期与永乐时期），山西境内发生的移民运动不仅数量大，而且类型多，既有归降蒙古人的内迁，也有较大范围的边民内徙；既有大规模的垦荒性移民，也有数量可观的屯卫性移民。迁入地广泛分布于河北、山东、河南及长城边缘地区。各类移民累计起来，将近百万人之多，山西是当时最重要的移民输出地。"

本文开头所提及的京郊移民村落之祖先，应该就是永乐年间的移民。长子营镇一位老人回忆说，故老相传，他们祖先是永乐元年（1403）从山西迁来的。与《明实录》中"洪武三十五年……命户部遣官核实山西太原、平阳二府，泽、潞、辽、沁、汾五州丁多田少及无田之家，分其丁口，以实北平各府州县"的记载相吻合，而那些村落之名，基本来自以上州（府）县。

不仅是地名，虽然600年漫长的岁月将故乡山西的痕迹冲刷得如雪泥爪印，淡不可知，但如果细细探查，从许多方面都能看到一些

移民情景雕塑

端倪：这些移民村落里，有些村嗜醋、爱吃小米、能蒸花馍，口味和山西别无二致，有些村的方言带有明显的晋方言特色，有些村的习俗类似山西地方志中记载的古老风俗。这些细节虽不足以支撑严肃的学术考证，但却是600年前移民事件的可靠线索。

古槐成为移民历史象征

移民是人类发展历史上最重要的活动之一。那些令人尊敬的先祖仅仅用脚，就丈量了世界的广袤。中国也是如此，中华文明发源于黄河流域，先民们北上南下，东进西迁，划定了今日泱泱中国的版图。葛剑雄说："没有移民，就没有中华民族，就没有中国疆域，就没有中国文化，就没有中国历史。"移民几乎贯穿整个中国历史，晋的"衣冠南渡"，宋的"建炎南渡"，明的"洪洞大槐树"，清的"湖广填四川"以及"下南洋""闯关东""走西口"等，都是对中国历史影响深远的移民事件。而以山西来说，表里山河，形势完固，地理条件独特，每到乱世，总是人们躲避战乱兵火的最优选择，加之地处游牧区和农耕区交界地带，民族间的交往、交融十分频繁，游牧民族内迁定居和农耕民族塞外拓荒无时无刻不在发生。

在这些移民事件中，洪洞大槐树在中国人的民族记忆里留下了最深刻的印记。中国人，谁没有听说过"问我老家在何处？山西洪洞大槐树。祖先故居叫什么？大槐树下老鹳窝"的说法呢？虽然说《明史》《明实录》《明经世文编》等官方文献仅仅有从山西各州县向外移民的简单记述，而没有特别提到洪洞的移民问题，更没有"大槐树"三字的明确记载，但600年来，此事被录于族谱，刻于墓碑，载于方志，百姓代代相传，言之凿凿，无人能够辩驳。

是什么缘故让洪洞成为传说发生之地？

洪洞古称杨县，唐朝时因杨为前朝隋朝国姓，于是以境内洪崖古洞为依据将杨县改名洪洞。它位于山西省中南部，临汾市北端，临汾盆地和运城盆地构成的晋南盆地边缘。从雄踞山西省中部的霍山下来进入洪洞，立刻一马平川，沃野千里，自古就是中原枢纽，南北要冲，商旅往来，昼夜不歇。同时，因为优越的自然条件，人口一直非常繁盛，明朝初年，平阳府属县内，洪洞的人口仅次于平阳县。直到现在，洪洞一直保持着山西人口第一大县的纪录，即使其面积可能连山西前40都排不进去。

因为这两个原因，洪洞县成为明朝移民重要的输出县之一，也是明朝移民的集散地和出发地。

民国《洪洞县志·古迹》记载："大槐树在城北广济寺左。按《文献通考》，明洪武永乐间，屡移山西民于北平、山东、河南等处，树下为集会之所。传闻广济寺设局驻员，发给凭照川资。"

广济寺是洪洞古刹，建于唐贞观二年（628），宋朝发展至鼎盛，占地广大，院落宽阔，又位于古驿道旁，成为明初发遣移民之地。

遥想当年，从广济寺半开的大门望进去，里面已经不是悠闲的方外僧人，而是忙碌的官府吏员。间或，就有人出来叫喊着某县某里某村某人的名字，然后才看见一个面带尘土风霜的人拘谨地进了大门。门外的大槐树下，像他那样的人还有很多，连大槐树的树荫都遮蔽不住。他们三三两两凑在一起，操着不同的方言断断续续交流着。很快有人从寺里出来，人们立刻围上去，"迁往何处""川资几何""分地几亩"等，七嘴八舌地问个不停。旁边送出来的小吏已经不耐烦，又一次大声解释，不用问了，更不要见人就问，每个人都一样，好日子在前头等着你们呢！

大槐树下的人越来越少，驿道上的人却越来越多。他们互相攀谈着，言语间透露着离开故乡亲人的不舍、悲伤以及对未来莫测命运的迷茫、恐慌。他们这些连县城都没有出去过的人，现在却要去千里之外的彰德府、东昌府、真定府……那一个个陌生的地名代表着他们的目的地，更代表着他们未来的归宿，以及他们后代子孙的人生。他们所熟悉的那一切，家乡的山山水水，村里的茅屋神祠，就像广济寺门外的那棵大槐树一样，将离他们越来越远。于是他们频频回首，那棵大槐树在视野里越来越模糊，在心里却越来越清晰。

日复一日，年复一年，驿道上南下北上不知道走过多少移民，洪洞广济寺的大槐树，是他们离开故乡最后的印象，也是最深刻的记忆。

"根"字影壁

洪洞大槐树　遥远的大槐树

但他们依然担心，时间久远，后人再想不起祖先故地，就将小脚趾的指甲劈成两半，说定凡是大槐树后人即以此为标志，"谁是古槐底下人，双足小趾验甲形"。有人也做过考证，以山西为源头，从北向南骈甲比例递减分布。这虽是个神奇的传说，但流传普遍，可见大槐树移民分布之广。

据史家考证，从洪武三年（1370）至永乐十五年（1417），近50年里，大槐树下发生大规模官方移民18次，涉及千余姓氏、数百万人。他们走向北京、河南、山东、河北等18个省、500多个县市，为明朝初年的经济发展、人口增加、文化交流等发挥了重要的作用，奠定了明初洪武之治、永乐盛世和仁宣之治的基础。而随着时间的推移，移民生息繁衍，开枝散叶，后裔数以亿计。可以这么说，在中国，凡有井水处，必有大槐树移民的后裔；在世界，凡有华人处，必有大槐树移民的后裔。

600年来，作为根深蒂固的移民记忆，大槐树已然成为当时移民故土情结的象征，也成为移民后裔共同的精神图腾。它是一本史册，承载着移民背井离乡垦荒开拓的艰辛历史；它是一种基因，隐含着中国人对家园的眷恋和对故乡的思念；它更是一件民族圣物，蕴藏着中国人何以生生不息、中华文明何以薪火相继的密码。

当然，严格地说，明初大规模的移民，不可能都从洪洞大槐树出发；明初之后，山西依然有大量无地农民外迁。但当原本的故乡记忆湮没在久远的历史,"大槐树"就此固化为移民故乡信仰的符号,无论移民从哪里出发,对故乡的思念终于化成那久久传诵的一句话:

问我老家在何处?山西洪洞大槐树。

古槐传说隐含文明传承密码

移民视洪洞大槐树为老家,"老家"也热情欢迎移民后裔来洪洞寻根祭祖。

1979年,洪洞县委书记王德贵去江苏无锡参加一个全国性的会议。会议间隙和众人寒暄,他先是自报家门说来自山西临汾,大家都是点点头,他再说自己是洪洞县委书记,众人一下热情起来,很多人都说自己是大槐树移民后裔,有机会一定要去洪洞看看大槐树。开完会回来后,王德贵与其他县委领导就筹划建一个大槐树公园,既能迎接全国各地的移民后裔,也要承担收集整理相关移民资料并宣传大槐树移民文化的工作。

1981年,大槐树公园建成。之后,历届县委、县政府领导班子无不重视大槐树移民文化的打造和宣传工作,终于使之成为国内根祖文化的圣地。后来,大槐树公园改名为大槐树寻根祭祖园。2002年,洪洞大槐树寻根祭祖园旅游景区被评定为全国4A级景区;2007

年，经过重新设计施工的大槐树寻根祭祖园落成；2018年，景区荣升5A级别。

在园区内，民国初年景大启等人号召和募资修建的碑亭、牌坊等虽然经过几次整修，但依然显露着历史沧桑的味道，而新增的建筑、景区都围绕着寻根祭祖的概念来设计。

进入根雕古槐造型的景区大门，迎面就是一座影壁，左面是金文"饮水"，右面是金文"思源"，中间是一个大大的隶书"根"字，由原中央工艺美术学院院长、书画家张仃书写和设计。仔细看去，"根"的那一捺，分明就是一只迈出的脚，象征着移民的迁徙之路。

绕过影壁，跨过同源渠上三座桥，就是献殿。献殿东面，是古大槐树处。广济寺复建后，在广济寺门外，还仿造了一棵大槐树，以复原历史场景。当年据说"树身数围，荫蔽数亩"的大槐树早已经不复存在，但其滋生的二三代大槐树饱经风霜依然枝繁叶茂。槐，谐音"回"，是否也隐含着移民的思乡之念？移民见槐而思乡，久而久之，植槐竟成习俗，尤其是我国北方地区，槐树种植广泛，几乎有村必有槐，但无疑，洪洞的大槐树是全国最知名的。

过了献殿豁然开朗，前方，在两座三檐攒尖顶阁楼的护卫下，一座重檐庑殿顶的大殿巍然伫立，便是景区核心建筑祭祖堂。两座阁楼东为望乡阁，也是移民实证展览馆，展示了明初移民时珍贵的文物和文献资料，还有一些寻根家信；西为溯源阁，也是中华姓氏

大槐树寻根祭祖园献殿

苑，展示了中华民族的姓氏来源、发展演变，每个人都能从这儿知道自己姓氏的来历。祭祖堂是全国最大的姓氏祠堂，"天下民祭第一堂"，正中一块大牌位供奉"大槐树移民先祖"，两侧是千余个移民姓氏牌位——数百万人从大槐树下走出去，如今留下的不过是千余牌位，他们有着什么样的人生，有着什么样的故事，现在无人得知，然而他们的功绩却无人可以忽视。看着那层层叠叠的牌位，很难不令人感喟。

为给全国移民后裔搭建一个感念先祖恩德、实现寻根祭祖愿望的平台，1991年，洪洞县决定在每年4月1日—10日举办大槐树文化节，迄今已经举办了33届。文化节的重头活动为寻根祭祖大典。2008年，洪洞大槐树祭祖习俗还被列入国家非物质文化遗产名录。

每到清明时节，无数大槐树移民后裔从世界各地赶来，洪洞县也拿出了最大的热情接待这些"返乡游子"。正应了临汾市的文旅口号"所有旅行都是出发，到了临汾咱是回家"，而洪洞县也喊出了"走遍天涯，洪洞是家"的呼唤。

14年前，我参加过一次大槐树寻根祭祖大典。那次大典应是举办以来规格最高、规模最大的，主办方由洪洞县政府升级为山西省政府，时任省长亲读祭文，各省移民后裔代表敬献三牲五谷，来自海内外的数万移民后裔共同祭祖，共述乡思，成为一时盛事。

故乡、祖先，对于我们这些生长于斯的人实在平常，所以我无法共情离开数百年后的移民后裔。这究竟是种什么样的执念，让他们数百年后还要祭祖寻根。尤其是那些移民到国外不知几代的人，虽然他们一样是黑头发、黄皮肤，但气质神态让人能一眼知道其来自域外，也许连汉语在他们生活中都出现得不多，遑论祖先、故乡这样的概念。但看到他们庄重严肃地焚香礼拜，用最传统的礼俗致敬遥远的祖先，我由此知道，故乡对于他们依然有着不一样的意义。深植于中国人，或者中华民族灵魂深处的信仰，就是故乡的传说、祖先的记忆。香炉内馨香袅袅，弥散在过去、现在和未来的时空。这香火不断，才是中国人的执念，也意味着我们中华文明薪火相继，延绵不绝。

盛典上还会有很多这样的人，他们面容朴实，衣着朴素，往往拎着一个大包，包里放着厚厚的、发黄的家谱或者还有一些别的什么资料，纸质发黄酥脆，被他们用塑料袋和细布小心地装着。景区内景点众多，但他们停留最多的地方却是祭祖堂旁的望乡阁、溯源阁。一般来说，他们都是因为村里要修家谱，才不远千里来洪洞找些祖先的线索。他们有的并不善于言谈交际，带着几分拘谨，但如果能碰上同姓，则必定要仔细攀问。他们会翻开家谱，认真对照来源、字辈。绝大多数时候，他们并不会发现彼此之间有什么联系，但仍然真诚地认下这门亲戚。他们说，自己也知道大概没有什么收获,但万一有呢?"先人的事情要弄清楚,弄不清楚不好。"他们不会说什么深刻隽永的话,但简单的语言里却透露着执着。有些幸运的人会找到些线索,这时,他们脸上就浮现出喜色。线索也许不在洪洞而在别的县、别的市,也许又是失望,但这对他们好像并不是问题,在那一刻,他们离祖先更近了。

祭祖节时,从1991年开始每年都会飞来的"思乡鸟"如约而至。这种鸟长得像麻雀却比麻雀略大,神奇的是只在祭祖节这几天出现,白天翔于祖园,晚上宿于槐枝,过了这几天就不知飞往何方。所以,人们说这些鸟是移民先祖精魂所化,他们心有执念,特意再来看看大槐树,看看他们的后人。

这么多年,因这个传说,没有人愿意捕捉几只来做研究,刨根问底反倒成为煞风景的事。我也是如此,平时对离奇玄虚的事情也没兴趣,但看着那些寻根的人,我也无比相信"思乡鸟",甚至希望这些鸟儿更有灵智一些,以便找到自己的故乡,记住故乡今日的模样。

魂兮归来。

祠堂一角的各种姓氏

寒食节·绵山

看不够的绵山,说不清的介子推

> 惟神之生,尝以羁靮,从晋侯行天下而不言禄,晋人思之。卒与其母隐死于深山而不顾,可谓忠廉自信之士矣。则其殁也,宜为明灵,血食于其土。守臣来告,有祷必从,庇民之德是不可以无报,锡命侯爵,神其享之,宜特封洁惠侯。
>
> ——宋神宗赵顼《汾州介子推庙可洁惠侯制》

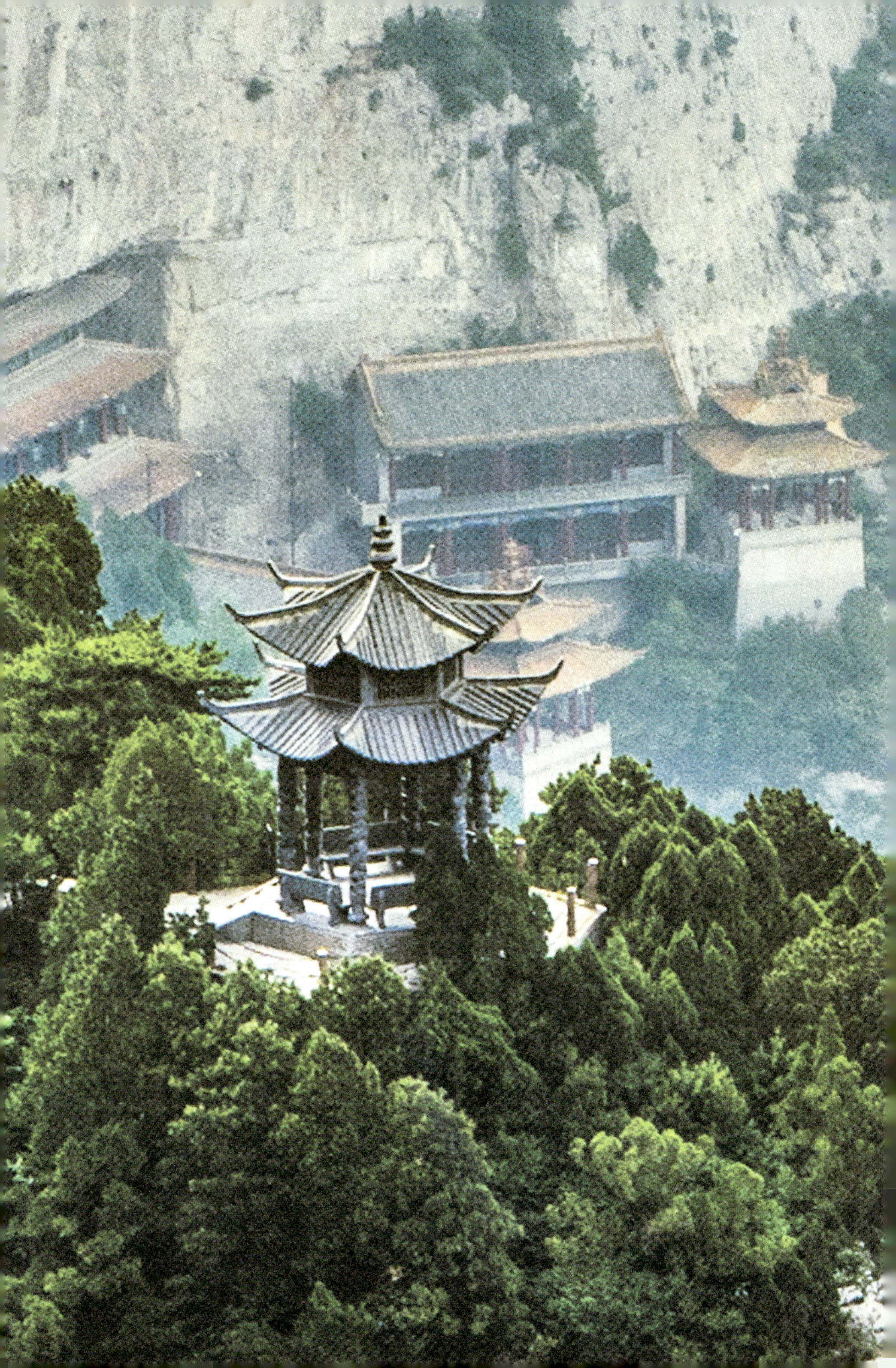

孩童时候，我并不明白各种民俗节日背后深刻的意义，只是知道，端午要吃粽子，中秋要吃月饼，过年要吃饺子。而清明呢，要吃面燕。

面燕，是用面塑成鸟雀的样子然后蒸制的面食。不知道其他地方的风俗如何，在我们晋西北，小辈们送给长辈们的叫"老燕"，比一个海碗还要大，敦敦实实；长辈们送给小辈们的叫"小燕"或者叫"燕燕"，小孩拳头那么大，羽喙俱全，惟妙惟肖。我们那时候没有"手办"之类的玩具，有个"燕燕"就很开心了。最关键的是，它还能吃。一个一个串起来，烤得金黄酥脆，拿起来麦香诱人，我玩的时候，总是忍不住要"不小心"一下，"呀，尾巴掉下来了，吃了吧"，又或者，"呀，脑袋又不小心掉下来了，吃了吧"，一串面燕玩不了几天。

很久很久以后，久到我已经忘记面燕，我才知道，面燕本不是清明节的独特吃食，它属于寒食节。正如粽子之于屈原一样，面燕也和一位古人相关——春秋时期晋国大臣介子推，而面燕，还有个名字叫"子推燕"。

那是一个很长很长也很古老的故事。

寒食习俗起源复杂

绵山被视为中国清明节（寒食节）发源地，2008年，介休被中国民协命名为"中国清明寒食文化之乡"，2011年，介休申报的"寒食清明习俗"被列入中国非物质文化遗产名录。从2008年开始，绵山连续举办中国清明寒食文化节，迄今已经16年了。而作为一种民俗，寒食节究竟是从何时兴起的，已经没人说得上来了。有种说法是，寒食节起源自遥远的黄帝时期，是古老的改火、更火、禁火习俗的演变。

火给人类带来温暖、光明和令野兽畏惧的安全感，火的使用是人类文明史上一个重大的事件，恩格斯说："就世界性的解放作用而言，摩擦生火还是超过了蒸汽机，因为摩擦生火第一次使人支配了一种自然力，从而最终把人同动物分开。"所以人类很早就有对火的崇拜、火的信仰以及用火的习俗。如改火，《论语·阳货》中提到的"钻燧改火"，意即以一年为轮回，每年需在特定的日期（有说冬至，有说夏至）灭去旧火，点燃新火；如更火，《周礼》中记载了一个叫"司爟"的职位，"掌行火之政令，四时变国火，以救时疾"，据大儒郑玄解释，"四时变国火"，即"春取榆柳之火，夏取枣杏之火，季

介子推墓

夏取桑柘之火，秋取柞楢之火，冬取槐檀之火"，一年之中不同的时令取火要用不同的木材。另外，还有"司烜"之职，负责"中春修火禁于国中"，因春天气候干燥，容易引发火灾，所以对用火加以限制，禁止焚烧山林，严格起来甚至连百姓家中也不许燃火——改火、更火，百姓用火就不方便了，禁火更是无法做饭，所以只得吃冷食，也许这便是"寒食"的来源了。时间既久，有些习俗出现混淆，到唐朝时完全融合，寒食节正好和同在春天的清明节联系到一起，还被朝廷以国家法令的形式确定下来，禁火和取新火成为两节习俗中的内容。玄宗天宝十年（751）三月敕："《礼》标纳火之禁，《语》有钻燧之文。所以燮理寒燠，节宣气候。自今以后，寒食并禁火三日。"唐朝韩翃《寒食》诗中说："日暮汉宫传蜡烛，轻烟散入五侯家。"意指皇家改火，而赐新火种于贵族，也算远古习俗的传承。

寒食节和介子推产生联系，相关的记载最早见于西汉末年桓谭的《新论》：

> 太原郡民以隆冬不火食五日，虽有疾病缓急，犹不敢犯，为介子推故也。王者宜应改易。

桓谭是两汉之交的人物，说太原郡百姓为纪念介子推，隆冬时也要"不火食"，即寒食五日，哪怕是病患也不敢违背，但想来是百姓文化不高，非要把《周礼》中说的禁火规定和介子推扯上关系。

131

他建议朝廷应把这种风俗改一下。然而大约百年之后的东汉顺帝时，周举任并州刺史，发现旧俗未改，且寒食时间已延到一月：

> 太原一郡旧俗以介子推焚骸，有龙忌之禁。至其亡月，咸言神灵不乐举火，由是士民每冬中辄一月寒食，莫敢烟爨。老小不堪，岁多死者。举既到州，乃作吊书以置子推之庙，言盛冬去火，残损民命，非贤者之意，以宣示愚民，使还温食。于是众惑稍解，风俗颇革。

这段话出自《后汉书·周举传》，著史之人难免对传主有所溢美。事实上，周举虽然认为"一月寒食"太过分了，且请于介子推之神庙，但"众惑稍解，风俗颇革"的效果恐怕是夸张。因为又过了约百年，到东汉末年曹操专权秉政时，劝诫和倡议已经不起作用，需要下严厉的命令了：

> 闻太原、上党、西河、雁门冬至后百五日，皆绝火寒食，云为介子推。……且北方沍寒之地，老少羸弱，将有不堪之患。令到，人不得寒食。若犯者，家长半岁刑，主吏百日刑，令长夺一月俸。

这便是著名的《禁绝火令》，又称《明罚令》。曹操认为，因为北方寒冷，老人儿童羸弱，"绝火寒食"恐怕有不能承受的危害，所以规定如果发现有人家依从旧俗，这家的家长要坐半年牢，这县的主吏要陪上百天，连县里的主官也要受牵连被罚掉一个月工资。

依靠行政命令改变风俗习惯，历史上有无数的案例证明往往事倍功半。反而，从《明罚令》里我们更能发现寒食节流行的地域还进一步扩大了，从太原一郡扩散到了"上党、西河、雁门"，除晋南没有提及，山西一地都开始过寒食节了。另外值得注意的一点是，原来寒食节在"隆冬"，此时已经到了冬至后105天的清明节。

曹魏之后是西晋，太原文学家孙楚写过一篇《祭介子推文》中说："太原咸奉介君之灵，至三月清明，断火寒食，甚或先后一月。"虔诚犹胜往日。曹操固然雄才大略，但移风易俗难于撼山覆海。

之后，不信邪的统治者还有后赵武帝石勒和北魏孝文帝。他们都下过禁寒食的命令，但旋即又取消了。反反复复中，寒食节反而成了全国性的节日。南朝梁的宗懔在其《荆楚岁时记》中说，"去冬节一百五日，即有疾风甚雨，谓之寒食，禁火三日，造饧大麦粥。"显而易见，寒食节习俗已传播到长江流域。

再往后，寒食节的影响进一步扩大，最终得到官方认可，并为官方所主导推行。同时，寒食节的各种习俗都渐渐形成固定模式，唐诗对此有大量描述。如禁火，韦应物在《寒食寄京师诸弟》中有"雨中禁火空斋冷，江上流莺独坐听"之句；如寒食，杜甫在《小寒食舟中作》有"佳辰强饮食犹寒，隐几萧条戴鹖冠"之句；如扫墓，

大雾弥漫的绵山

白居易在《寒食野望吟》中有"风吹旷野纸钱飞，古墓累累春草绿"之句；如踏春，窦巩在《襄阳寒食寄宇文籍》中有"大堤欲上谁相伴，马踏春泥半是花"之句；如蹴鞠和荡秋千，王维在《寒食城东即事》中有"蹴鞠屡过飞鸟上，秋千竞出垂杨里"之句。

寒食在清明前一两日，久而久之，这个民俗节日和农业节气就合二为一了，至晚在唐朝时就连称了。然后清明渐渐凸显，导致现在很多人渐渐忽略了寒食节。但在古代，寒食节的重要性并不亚于端午、中秋，甚至为方便官员扫墓祭祖、出游踏青，朝廷还会为此放好几天假，开元十四年（726）规定是4天假，大历十三年（778）后是5天假，贞元六年（790）后又多了一天假，"准元日节"，和春节一样了。

也就是在这个过程中，介子推和寒食清明牢牢地绑定在一起。至今，我们说起寒食清明的起源，必说介子推。

介子推史实暧昧难明

介子推并不是对历史有很大影响的人。按道理，他的故事很简单。但越去了解介子推，介子推身上的迷雾便越多。以至于你都会怀疑，这个人是否真实存在？但是，介子推这个人有没有并不重要，重要的是，我们怎么去讲他的故事——事实上，历史的真相往往在历史的讲述中。而所谓"历史的真相"，并非指事件的有无真伪、来龙去脉，而是历史的本质。

《左传》相传为春秋末年鲁国史官左丘明为《春秋》所作的阐释、补充性的史籍。《左传·僖公二十四年》条下，介子推第一次出现在历史中：

> 晋侯赏从亡者。介之推不言禄，禄亦弗及。推曰："献公之子九人，唯君在矣。惠、怀无亲，外内弃之。天未绝晋，必将有主。主晋祀者，非君而谁？天实置之，二三子以为己力，不亦诬乎？窃人之财，犹谓之盗，况贪天之功以为己力乎？下义其罪，上赏其奸，上下相蒙，难与处矣。"其母曰："盍亦求之？以死谁怼？"对曰："尤而效之，罪又甚焉！且出怨言，不食其食。"其母曰："亦使知之，若何？"对曰："言，身之文也。身将隐，焉用文之？是求显也。"其母曰："能如是乎？与汝偕隐。"遂隐而死。晋侯求之，不获，以绵上为之田，曰："以志吾过，且旌善人。"

（大意：晋文公封赏和他一起流亡的人，介之推没去争取，所以也没得到封赏。他认为晋文公能够主晋是上天的意思，并不是晋文公从者的功劳，而那些人竟然贪天之功。所以他羞于与他们为伍，于是就和他母亲一起归隐，至死未出。晋文公去找他没有找到，把绵上之田封给他，并说，以此记下我的错误，并表彰有功有德的人。）

绵山寺介公像

一般认为，《左传》作者是托名鲁国史官左丘明，其实必非一时一人所著，最终成书应该在战国中期。当然2000多年来对它的真实性都基本肯定，尤其是它继承了孔子"笔则笔，削则削"，寓褒贬于微言的春秋书法，由此成为儒家最重要的经典之一。

所以，我们要忽略史料中"介之推"与"介子推"的差异，也要忽略母子私下谈话如何为史官所知的小小悖谬，姑且承认它的真实性，就会知道，《左传》纪录此事，是以介子推为参照，批评居功自傲的人。因为在本条下，同时讲了子犯逼迫性地变相邀功和背叛者竖头须又来求文公收留的故事，也有赵衰原配妻子赵姬甘居人后，让正室、嫡妻地位给和赵衰一起流亡的季隗的故事。两相对照，介子推和赵姬就成为忠诚谦抑美德的楷模。

司马迁的《史记》基本上采用了《左传》的史料，但增加了介子推直接驳斥子犯的情节以及隐遁的细节等，让故事内容更加丰富。

> 介子推从者怜之，乃悬书宫门曰："龙欲上天，五蛇为辅。龙已升云，四蛇各入其宇，一蛇独怨，终不见处所。"文公出，见其书，曰："此介子推也，吾方忧王室，未图其功。"使人召之，则亡。遂求所在，闻其入绵上山中，于是文公环绵上山中而封之，以为介推田，号曰介山，"以记吾过，且旌善人"。

139

司马迁让介子推的故事更加合理。比方说介子推母子私谈是如何为外人所知的,那是因为介子推有"从者",而为介子推诉说委屈的也是其"从者"。"从者"写的那首诗——后来被称为《龙蛇歌》——在《吕氏春秋》中是介子推自己悬于宫门,司马迁也让"从者"去做,否则显得介子推太过矫饰。

值得注意的是,从《左传》到《史记》都不予记录介子推故事中非常核心的"割股奉君""抱木燔死"的情节,这大概是嫌弃它们荒诞,尽管它们出现得非常早。如《庄子·盗跖》中说:"介子推至忠也,自割其股以食文公。文公后背之,子推怒而去,抱木而燔死。"《盗跖》是庄子外篇之一,素来被认为是后学所作,年代不好判定,但楚国屈原的《楚辞·惜往日》中有"介子忠而立枯兮,文君寤而追求"之句,韩国的韩非也说过"介子推无爵禄而义随文公,不忍口腹而仁割其肌"之语,一南一北,可见在战国时期介子推"割股奉君""抱木燔死"的故事已经广泛流传,虽然大家讲这个故事的目的并不一样。

《史记》是司马迁"一家之言",且多忌讳之语,所以才要"藏之名山",据说西汉时被藏于宫廷,东汉时才小范围地在学者中流传。西汉末刘向为宗室大臣,曾典校皇家图书,有很大可能读过《史记》,但其著作《新序》中介子推故事的讲法,和《史记》差异较大,应该代表了当时士人对介子推的普遍看法:

晋文公反国，酌士大夫酒，召咎犯而将之，召艾陵而相之，授田百万。介子推无爵齿而就位，觞三行，介子推奉觞而起，曰："有龙矫矫，将失其所。有蛇从之，周流天下。龙入深渊，得其安所。蛇脂尽干，独不得甘雨。此何谓也？"文公曰："嘻！是寡人之过也。吾为子爵与，待旦之朝也；吾为子田与，河东阳之间。"介子推曰："推闻君子之道，谒而得位，道士不居也；争而得财，廉士不受也。"文公曰："使我得反国者，子也，吾将以承子之名。"介子推曰："推闻君子之道，为人子而不能承其父者，则不敢当其后；为人臣而不见察于其君者，则不敢立于其朝。然推亦无索于天下矣。"遂去而之介山之上。文公使人求之不得，为之避寝三月，号呼期年。《诗》曰："逝将去汝，适彼乐郊。适彼乐郊，谁之永号。"此之谓也。文公待之不肯出，求之不能得，以谓焚其山宜出，及焚其山，遂不出而焚死。

（大意：晋文公返回晋国，宴请跟随他流亡的人，并封赏了很多人。介子推参加了宴会但没得到封赏，就在宴会上吟诵了《龙蛇歌》。晋文公说，是我的错，马上封你。介子推说，如果需要拜谒才能得到官位，有道德的人是不会做的；如果需要争抢而得到财物，廉洁的人也是不会接受的。我也不要这种求来的功劳。晋文公又说，让我返国的，是你。我将会成就你的声名。介子推说，我听说君子处事的道理，为人子不能完成父亲的事业，就不能算是继承人；为人臣不能被君主所了解，就不敢立于朝堂。这样说来,我对天下也没有什么用。于是就隐于介山。晋文公求之不得,有人建议焚烧介山逼迫介子推出来,但介子推宁可被烧死,也不出来。)

先秦两汉是古代中国社会形态的一个大转变时期,天下从诸侯林立的状态变为一家一姓之私产,随着中央集权制度的确立,"忠"成为最重要的伦理准则,但此时之"忠",犹有先秦遗风,接近于孔子所言"君君臣臣"的原意,强调君臣双方的权利。正如孟子所言:

绵山风光

"君之视臣如手足，则臣视君如腹心；君之视臣如犬马，则臣视君如国人；君之视臣如土芥，则臣视君如寇仇。"士人崇尚刚直节义，对君主固然不惮以死报之，但前提是君主以国士待之，否则绝不委曲求全。于是，在刘向的叙述中，介子推感受到不公，便要当面抗辩，并以隐遁且宁死不屈的方式激烈地反抗这种不公。

在《说苑》中，刘向把介子推的故事又讲了一遍，基本上照搬了《史记》的内容，而名其篇目为《复恩》，阐述了"君臣相与，以市道接。君县（通"悬"）禄以待之，臣竭力以报之。逮臣有不测之

功,则主加之以重赏;如主有超异之恩,则臣必死以复之"的道理,与其《新序》一脉相承,而明显和《史记》主旨不同。

但也是在两汉之际,集权王朝的形成和巩固造成了"率土之滨,莫非王臣"的局面。但君主是天命之人,臣子的效忠是天然和不可选择的义务,但君主对臣子的义务却被淡化,尤其是两汉之后中国进入大分裂时代,王朝兴起和倾覆比季节交替还要频繁,于是现实中君权的分散和飘摇反而在思想上得到进一步的强化。哪怕是一个割据的小政权,对臣子也要求彻底和绝对的忠诚,而君主对臣子的任何行为,都具有不可置疑的合理性,所谓"雷霆雨露,皆是君恩"。

在这个过程中,介子推的故事又有了不一样的讲法。介子推对封赏无论是腹诽还是抗议都显得不合时宜,所以,那首明显带着抵触和抱怨情绪的《龙蛇歌》被提及得越来越少,"不言禄"成为故事的主题,"抱木燔死"渲染了故事的悲情和传奇色彩,而"割骨奉君"这种超越常理的忠诚更是屡屡被强调。

大约在西汉时,民间有了介子推庙,且纪念介子推和传统的寒食节融合起来——因介子推被火烧死,所以"禁火冷食"。宋朝时,神宗封介子推为洁惠侯,徽宗赐庙额"昭德",最终完成了介子推形象塑造。在这个时候,介子推即使不和寒食节绑定,也有了独立卓然的地位,他是中国文化中"忠诚"的化身之一,而介子推之忠的特色就是不求回报,不令君主为难——这样的品行将会让君主们多么欣赏啊。

随着君权的逐渐加强，士人的独立精神渐渐消失。他们竭力赞颂介子推，却不希望自己堕入介子推的境地。他们也会以介子推自比，心中的希望却是得到"晋文公"的封赏。明朝的谢榛曾写过一首《绵山怀古》：

绵山忆介子，殁后几千春。独有英明主，终怜患难臣。
断霞余古烧，悲鸟自荒榛。岁岁逢寒食，其如惆怅人？

谢榛出身寒微，且因目盲一生无法出仕，不得以奔走权贵门下。因他的悲惨经历，他才满心盼望得到"英明主"的怜惜。

只有少部分人，会同情介子推的遭遇。明末何吾驺曾写过一首诗《咏史·介子推》：

每到清明便黯然，介山风雨正堪怜。
人情信宿矜相报，莫问相从十九年。

何吾驺在南明隆武朝曾担任过内阁首辅，一生宦海沉浮的根本原因是皇帝的恩宠无端、信疑不定，所以有功而不赏、欲隐而燔死的介子推令他心有戚戚，所谓"芝焚蕙叹，兔死狐悲"，他的十首《咏史》诗，借范蠡、西施、荆轲、樊於期、弥子瑕、韩信、卓文君等人事迹，几乎都在反思君臣之义，也就是"君恩"与"臣节"孰轻孰重、孰先孰后的问题。也许，反思过后便是幻灭，最终成为他失节降清的思想诱因。

不过，此时的介子推只是一个能指和所指都十分模糊的符号，其实忠贞也罢，失节也罢，都是自己的选择，又何必拿介子推去做幌子呢？

介子推归隐之地也有不同说法

如屈原之于湖北秭归，人文必然是要和地理联系在一起的，和介子推联系最为紧密的是山西介休。介休号称"三贤故里"，"三贤"即春秋时介子推、西晋郭璞和北宋的文彦博。郭璞和文彦博出身无可争议，介子推是介休人却是在他死后800多年才被人认可的。

史籍中没有明确记载介子推的出生地、归隐地。西晋时杜预作《春秋左氏经传集解》，第一个把介休和介子推联系起来。指出"西河介休县南，有地名绵上"。他是当时著名的经学家，博学多通，政军皆能，他的说法当然就是权威的论断，晋武帝由此改秦汉时设的界休县为介休县。后东晋袁崧著《续汉书·郡国志》发挥其说"介休县有介山，有绵上聚、子推庙"。北魏郦道元的《水经注》又进行了总结：

清幽的绵山风光

> 汾水又南，与石桐水合，即绵水也。水出界休县之绵山，北流经石桐寺西，即介子推之祠也。昔子推逃晋文公之赏，而隐于绵上之山也。晋文公求之不得，乃封绵为介子推田，曰：以志吾过，且旌善人。因名斯山为介山。

郦道元之说遂成定论，为以后各种方志所沿用。然而历史上其实一直有反对的声音。理由很多：一是介休之地，先秦为邬县，地当赵魏分界，秦灭六国时，曾驻军休整，因名"界休"，与介子推毫无关联。二是晋文公时，晋国版图未过霍山，介休之地还属于犬戎。晋文公不会把不属于自己的地方封赏给功臣。三是至少在汉朝时，一般的观点还认为今天的万荣孤山是介子推归隐地。汉成帝祭祀汾阴，巡游介山，扬雄跟随，作《河东赋》："灵舆安步，周流容与，以览乎介山。嗟文公而愍推兮……"由此明末大家顾炎武就力辩杜预之说的谬误，不过他认为介子推归隐之地是今天的翼城小绵山。但是两汉时，为纪念介子推而出现的禁火冷食习俗却流行在介休所在的太原郡而非翼城、万荣所在的河东郡，又该做何解？

历史总是这样的复杂而暧昧，令人恼火，也令人着迷。

我听过一个很有趣的观点。古籍——即使是史书——它记录的其实不是历史，而是文化。历史不可改变，也无法追溯，更不可窥测全貌，而文化是在历史中形成的精神性的东西，它有着长久的生命力，也有着深远的影响力。我们读的是历史，却是在文化中汲取教益、获得力量,然后去创造我们自己的历史。如此说来,介子推之或真或伪,绵山之在北在南,似乎也没有太过较真的必要。

除此之外,去绵山还有别的理由。

今天的介子推故事怎么讲

山西旅游业在全国是中等水平,如今一共有10个5A级景区,绵山在2013年成为山西第4个5A级景区。可惜的是,如果乔家大院没有在2019年被摘牌,山西就会有11个5A级景区。不过在我看来,山西的所有景区中,绵山和乔家大院最值得研究,也最有示范意义。

山西旅游主流是文化旅游,因为山西的文化遗产非常丰厚,是旅游业发展得天独厚的资源。然而,很多人总是不明白,从文旅资源到文旅产品再到文旅产业有一条漫长的路。如何创造出旅游产品?如何吸引游客?这些远比旅游资源本身要重要。

乔家大院在晋商众多大院中并不算特别。但是1991年《大红灯笼高高挂》在乔家大院的拍摄,让它具有了广泛的知名度;2005年电视剧《乔家大院》搬上银屏,让它再次走红,那两年去晋中的火车上,一列一列的人都是要去乔家大院的,为乔家大院的旅游发展奠定了基础。

绵山则是另一个路数。

绵山自古为晋中名山,以"山势绵亘"因名绵山,又因介子推的归隐被称为介山。东汉便有丛林，唐宋更为胜地，据说有十大名寺、百所伽蓝、三层凤馆、四楹馆厅，令文人墨客流连忘返。贺知章曾经访游绵山，过了20多年都难以忘怀，有次见到汾州客人，还写了一首诗寄去，希望题于绵山抱腹寺墙壁上。

《山西通志》曾略载绵山名胜：

抱腹岩，为绵山之奥，崖壁架空，群峰拥翠。岩中有云峰寺，土人呼为大岩。岩之对峙为南山，下为岩沟。两山之涧直泄兴地村，涧中有开元古碑。由岩而东为舍身崖，稍上为五龙

俯瞰绵山

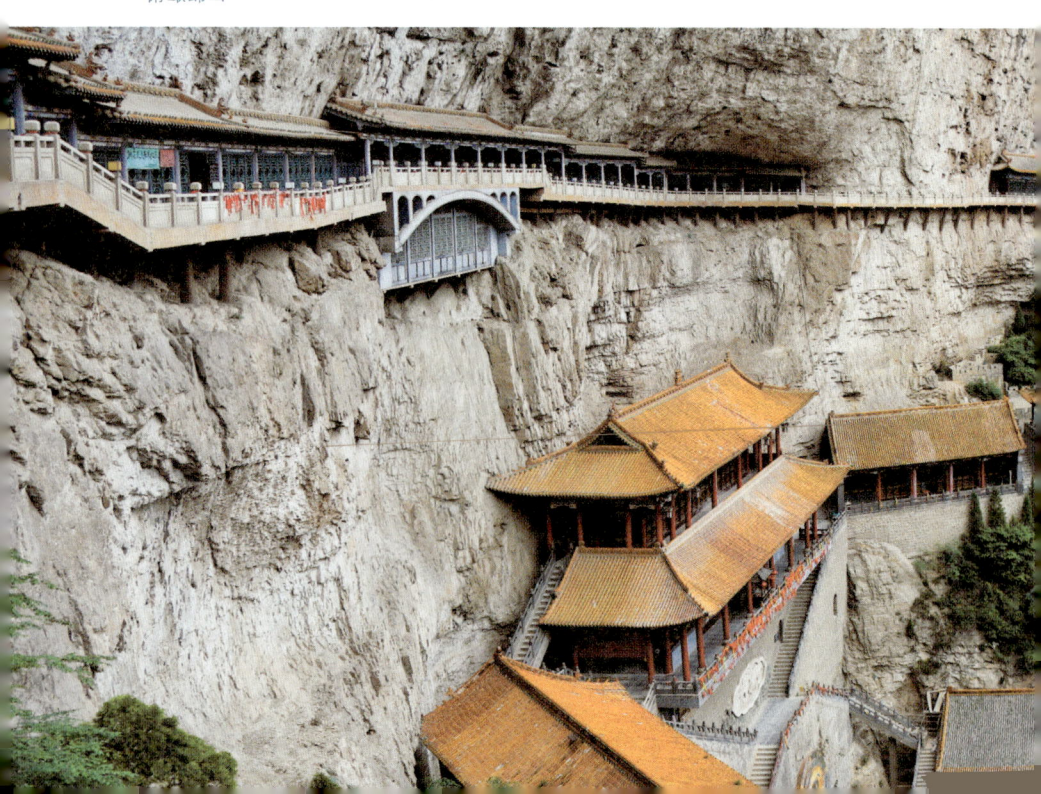

延,最上为镇宅沟。由岩而西为铁索岭,岭峻削,以铁索绳之上下,手援乃登。自岭而东五里为银空洞。又东南七里为摩斯顶。自此而东,人迹罕到,山莫可名矣。由铁索岭而西为鹿桥,为一斗泉,为小须弥,为兔桥。折而北为白云洞,土人称为中岩,行数十步为蜂房泉。又北为塔岩头,折而东为黄土坡,上为李姑岩,下为龙岩会。由会而东为南天门,土人呼为下岩。前后凡二十里。

其中云峰寺建于三国时期，是中华第一岩洞式禅院，是唯一的汉人佛田志超，也称空王佛的修行地，另外县志还记载铁瓦寺，始建于东汉建安年间，是最早建在山峰绝顶的佛教寺院；回銮寺，又名兴国寺，因唐太宗登山拜佛，在此回銮而得名；铁佛寺，建于北魏，是中国佛教净土宗的奠基人，昙鸾活佛弘法讲经之地；光岩寺始建于唐代初期，为空王佛所修，还有大罗宫，为全国最大的道观建筑群等。

然而日寇侵华期间，绵山庞大的建筑群皆被烧毁，只余残垣断壁。1997年开始，民营企业家阎吉英斥巨资，经过十余年营建，将历史古建筑全部恢复，殿阁巍峨，楼台闳丽，胜于旧观。

阎吉英就是传说中的"山西煤老板"，他是煤老板中极有远见的人，20世纪90年代就愿意花好几个亿投资旅游产业，为山西的经济转型发展提供了非常好的案例。

20世纪90年代，国内旅游业开始兴起。那时大家就明白文化是个宝库，好多地方在抢夺名人资源，甚至不嫌"秦桧""洪承畴"之恶丑，还有好多地方借着恢复历史原貌的借口，盖了好多假文物、假古建——当然，有些此类地方游客去过一次，就再也不上第二回当了。严格地说，绵山的修复也在此之列，当然好听点儿说是复原、是访建。但真的历史建筑没了就是没了，新修的无论如何富丽堂皇，那也是假的，历史信息早已消失，于文化价值而言不足为论。然而，开发绵山旅游业时的聪明之处就在于为这些新的"古建"注入了文

寒食节·绵山 看不够的绵山，说不清的介子推

绵山栈道

化意蕴。

传说中，绵山是介子推归隐燔死之所、寒食清明习俗起源之地，于是在旅游开发中，始终以介子推忠义文化和寒食清明文化为核心，借助原中国文联副主席、中国民间文艺家协会主席冯骥才及各路专家学者著文立说，还举办"我们的节日——中国传统节日（寒食清明节）论坛"等学术活动和寒食清明文化节等大众活动，牢牢地抢占了寒食清明文化的诠释权、传播权，并用多种活化的内容展现了寒食清明文化，开发了各种旅游产品，通过这种种手段，在一个景区与一种盛行千年、广受欢迎的民俗文化之间构建了密不可分的联系。到如今，提介子推，必说绵山；提寒食清明，必说绵山。虽然有许多人知道，这在学术上仍有待商榷，但是传播上的先发优势、高位优势令翼城、万荣及沁源等介子推传说同样富集的地方在相关文旅开发上难忘项背。

借助文化开发旅游，本身并不排斥捕风捉影，很多时候，旅游业或许可类似于一个"无中生有""以假乱真"的产业，绵山的发展和成功恰好证明了这一点。

2006年春，我曾去绵山旅游。其时修复工程已竣工，景区也已开放，然而游客稀少。当时看到满山崭新的"古建"，我心下大不以为然，又听导游磕磕巴巴地讲解着刚编好的功利现实的民间故事，更是觉得荒谬，想着好好的文化又被糟蹋了。然而，同时又见绵山峭壁绝岭、深谷幽峡、奇花怪石、苍松翠柏、悬瀑潺溪种种自然景观，尤其是行至顶峰，天高云淡，烟霭之中，群峰俯首，顿时体会到了杜甫当时何以能写下"荡胸生层云，决眦入归鸟。会当凌绝顶，一览众山小"这般千古名句。再想到那些没有一点古意的佛寺道观，放着天然的美景不去宣传，只会搞些假文物糊弄人，真是焚琴煮鹤、暴殄天物。

这么多年来，我渐渐反思。天下名山众多，绵山能排第几？天下美景数不胜数，绵山有何特殊？但是，介子推却是唯一的，寒食清明更是唯一的，绵山抱定了介子推，就如同拥有了"长期饭票"，这才是旅游发展之正路。

介子推的故事，古人有古人的讲法，今人也有今人的讲法。

绵山美景

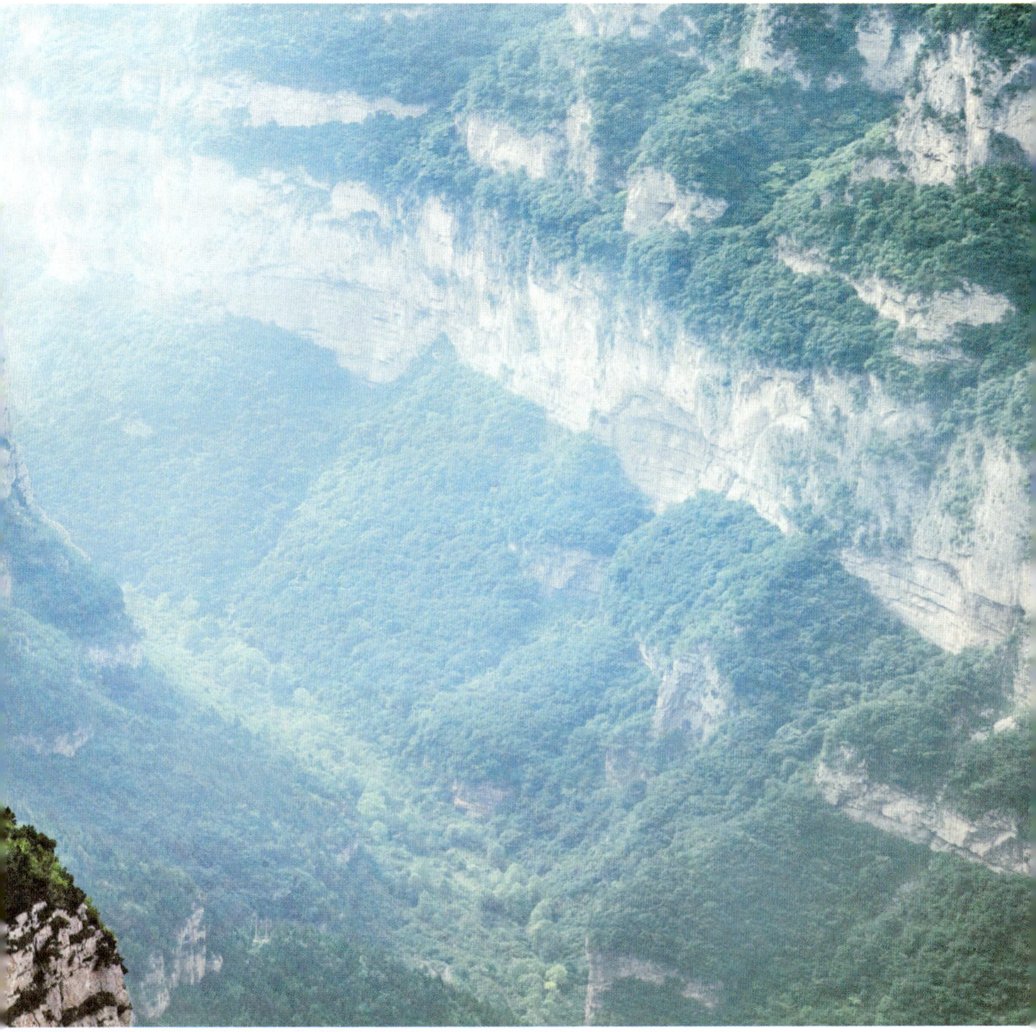

赵氏孤儿·藏山

藏得下孤儿,藏不住悲伤

公孙杵臼、程婴何愧董安于乎,左传不纪?豫让之烈,方之二公有间也,子朱子何遗焉不取?宋以其存赵氏之孤,封程婴曰成信侯,公孙杵臼曰忠智侯,董安于尝庙食于赵,而不见封于宋,抑又何哉?赵孤曰武,谥曰文子。朔之子,盾之孙也。虽然公孙之死、程之忠,尽心所事,千古之下,血食不既,岂无其报哉?彼窃富贵者,入而恐不纳,出而恐相谗,终亦不能掩其丑,而祸败以从者,诚有愧于斯也。

——元末大儒吕思诚《藏山神祠记》

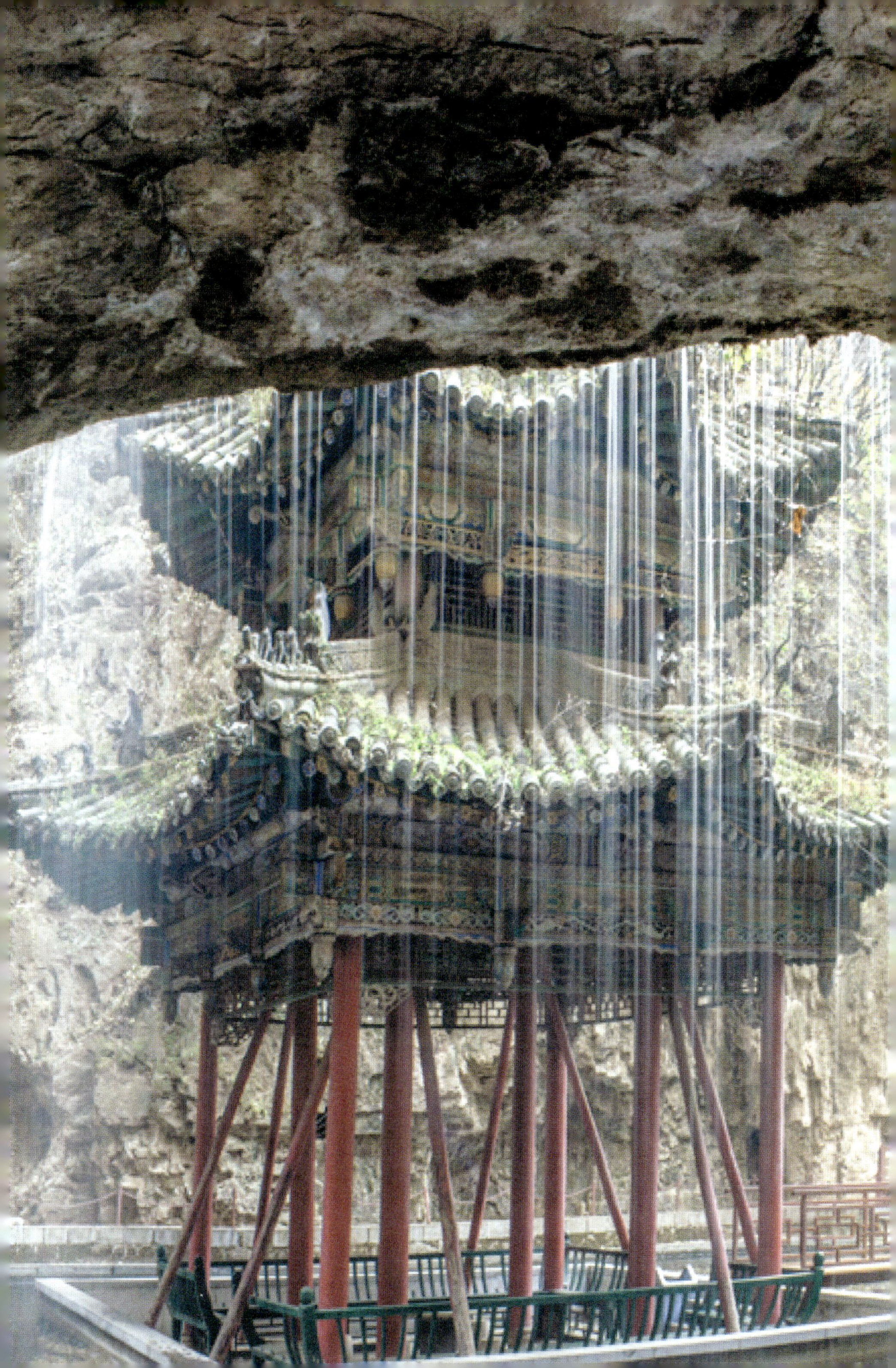

1755年8月的一天，被赞誉为"法国最优秀诗人""欧洲的良心"和"法国思想之王"的伏尔泰创作的新剧《中国孤儿》在法国巴黎上演。伏尔泰是法国启蒙运动的泰斗，他从古代和域外的学说汲取力量，唤醒在封建制度和宗教势力压迫下的欧洲人民。伏尔泰对中国抱有异常的好感，将中国称为"理想国"，有许多思想来自中国。他的这部新剧，就来自元朝纪君祥的杂剧《赵氏孤儿大报仇》，虽然他对这部剧进行了很多改编，但保留了原作的基本框架和主题。那是第一部传入欧洲的中国戏剧，剧中主人公的"道德和忠诚"不仅打动了剧中的君主，也打动了伏尔泰和欧洲的观众，这部剧乍然走红，长演不衰，现在依然是法国戏剧界的保留剧目。很多西方人通过这部剧，去了解那遥远、神秘的东方文明。

伏尔泰认为，有关孔子的学说都包括在这部《中国孤儿》里了，所以又把这部剧称为"儒家道德五幕剧"。评论家勃兰克斯说："伏尔泰关注这种和平的文明（即中国）。他颂赞纯人文的美德、忠诚、牺牲精神和对人类理想经久不衰的眷恋。归根结底，《中国孤儿》申明一种生活哲理。"

200多年前，中外文化交流并没有现在这样频繁和深入，由此不得不佩服伏尔泰对中国文化的敏感，他准确地抓住了纪君祥原作中忠义的主题，而忠义正是儒家道德最核心的理念。但文化的隔阂依然存在，表面上两部剧都有个圆满的结局，人物的牺牲得到了恰当的回报，然而，伏尔泰却没注意到《赵氏孤儿大报仇》中的悲凉底色。这一点，只有中国人能看得到。王国维说，《赵氏孤儿》是元杂剧中"最有悲剧之性质者""剧中虽有恶人交构其间，而其赴汤蹈火者，仍出于其主人翁之意志，即列之于世界大悲剧中，亦无愧色也"。

孟县藏山是"赵氏孤儿"故事发生地，2009年，孟县藏山成为国家4A级景区，2011年，孟县申报的赵氏孤儿传说被列入中国非物质文化遗产名录。到藏山，接受不到忠义文化的熏染，算是空入宝山；听故事，体会不出忠义文化背后的悲情，说明用心不深。

顾炎武的悲伤，家国破灭

孟县是山西省阳泉市下辖县，位居省境之东，太行山西侧。藏山古称盂山，在孟县北，是八百里太行山脉的一处名山。

45岁时，顾炎武弃家北上，游历北中国，足迹遍及河北、河南、山东、山西、陕西等地。59岁时，来到孟县藏山。

是年为康熙十年（1671），上距崇祯十七年（1644）李自成攻破北京城27年、距永历十六年（1662）吴三桂绞死朱由榔9年。顾炎武的故国大明，早就成了历史余烬。

明亡之后，顾炎武参加过不少反清活动，但终究无法与历史大势抗衡，复国已然成为泡影。顾炎武这些明遗民人人心里都是明白的，然而他们宁可做前朝的孤臣孽子，也不愿意追逐新朝的顶戴花翎。

在藏山，顾炎武写了一首诗，名为《盂北有藏山云是程婴公孙杵臼藏赵孤处》，诗作古朴沉郁，抒发了孤臣孽子的悲凉、痛楚和不甘：

鸟瞰藏山

空山三尺雪，匹马向荒榛。
窈洞看冰柱，危峰迟日轮。
水边寒啄鹤，松下晚樵人。
恐有孤儿在，寻幽一问津。

这首诗里面虽然无一"悲"字，也无一"痛"字，但八句诗透出的，却是彻入心扉的痛苦。顾炎武等人认为，明朝亡国和历史上的改朝换代都有不同，是"仁义充塞，率兽食人"的"亡天下"，这是种超越了个人荣辱得失的痛苦，比那种慨叹人生际遇的自怜自艾之作要惨烈得多，整首诗几乎难以卒读。

这是独属于顾炎武的悲伤。

我们现在难以想象，是什么支撑着顾炎武们度过明亡后的几十年人生时光，但可以想见，赵氏孤儿的故事一定是精神力量之一。故事中，程婴和公孙杵臼虽然也有着惨痛的经历，但最后却能"复国"成功。

赵氏孤儿的故事，发生在春秋时期晋国，史称"下宫之难"。历来有两个版本，《左传》讲述了一个桃色事件引发的灭门惨案：晋成公女儿庄姬嫁给晋国正卿赵盾之子赵朔。赵盾、赵朔死后，庄姬与赵盾幼弟赵婴通奸。丑闻暴露，赵婴被赵家逐出晋国。庄姬怀恨在心，向晋景公进谗言说赵家将要作乱，国内想和赵家争权夺势的栾氏、郤氏家族也添油加醋，于是，晋国灭了赵家，只有庄姬之子赵武活了下来。后来，曾受过赵家恩惠的韩厥趁景公得病，进言说这可能是晋国薄待功臣赵氏的缘故。于是，赵武复立，赵氏重兴。而《史记·赵世家》讲述了一个传统的忠奸斗争的故事：晋国权臣屠岸贾嫉妒赵盾，蒙蔽国君。在赵盾死后，诬陷赵家叛乱，并没有请到君命就擅自攻进赵家。虽有韩厥通风报信，但赵家想全部走脱已然无望，赵朔于是托孤，让韩厥带怀孕的庄姬离开。后来，孩子出生，便是赵武。屠岸贾要斩草除根，大搜宫室。赵家门客公孙杵臼用其他孩子换下赵武，赵朔的友人程婴则带赵武隐匿逃亡。后赵氏冤案平反，屠岸贾被杀，赵武从山中回来，复兴赵氏。

现在，我们已经无法分辨到底哪个版本才是历史的真相，甚至，因为《左传》版本的离奇与曲折，反而更让人觉得可信，尤其赵家有着把持晋国已经三代的历史背景，遭到打压顺理成章。至于桃色事件，无非是借口而已。反而忠奸相斗的故事更像是传统的戏剧母本，后期加工的可能性更大。

《左传》是司马迁写作《史记》时史料的重要来源之一，顾炎武更不可能没读过《左传》。但相隔近2000年，两人都相信或者说愿意相信那个忠义的故事才是历史的真实。《史记》虽然是史学著作，司马迁却不是单纯的史学家，他的根本目的是"究天人之际，通古今之变，成一家之言"，对于史料会有剪裁、有取舍甚至有臆造，总要符合他心目中的历史理想。而顾炎武，虽然也是史学大家，对历史的考据是他的特长，但在此刻，作为诗人，顾炎武却不会过多顾忌所谓真实的历史，只是以他人之酒杯，浇自己之块垒而已。

顾炎武是以程婴和公孙杵臼自况的。之前，他曾经写过一首《义士行》赞颂二人：

> 饮此一杯酒，浩然思古人。自来三晋多义士，程婴公孙杵臼无其伦。下宫之难何仓卒，宾客衣冠非旧日。袴中孤儿未可知，十五年后当何时？有如不幸先朝露，此恨悠悠谁与诉？一心立赵事竟成，存亡死生非所顾。呜呼，赵朔之客真奇特，人主之尊或不能得，独有人兮长叹空山侧。

"赵氏孤儿藏匿地"石碑

该诗写于他参与的反清斗争失败、亲人友朋皆被戕害之时。复明渺茫，"此恨悠悠谁与诉"？唯有以程婴公孙杵臼"一心立赵事竟成"的先例安慰或激励自己。若连这点念想也没有，有何理由苟活在腥膻世界？正因如此，藏山成为明遗民心中的圣地。我们山西著名的明遗民傅山也去过，也留下了诗文，尤其是一副对联，寓意晦涩难明，"赖有藏山，俨畴昔寒云不动；幡仇下室，到而今灵雨偏多"，似有不可言说之意。强为之解，大概上联是说，幸好有藏山这样的地方，可以像过去一样，荫庇忠贞之士，而下联是说，下宫之仇得报是天意，兴亡继祀符合天理，不然藏山不会时时降下灵雨。

所以，藏山之行是顾炎武游历的必然之行，尽管对他《天下郡国利病书》的写作可能没有多少帮助。甚至，较真一点儿说，藏山是否真是程婴和赵氏孤儿藏匿的地方也不好说。因为无论是《左传》还是《史记》都没有明确记载。有学者指出，藏山赵氏孤儿的传说是由西汉末年晋阳人刘茂救太原太守孙福，隐匿于盂县的历史典故演化而来，也源于北宋时赵为国姓，保"赵"就是保"宋"，由此宋王朝对程婴、公孙杵臼和韩厥等人大加封赠，藏山赵氏孤儿的传说才得以广泛流传。甚或，也就是在此时，盂县之盂山才被改为藏山。

顾炎武去藏山之时，正是隆冬，万物萧瑟，满目荒凉，一如他自己的心境。藏山祠等名胜当时已经矗立，但并非顾炎武游览的重点。重点只是藏山而已，那两个字，已经成为中国人的一个精神高地，人称"忠义藏山"。传说虚实难辨，顾炎武近山情怯，因此只说"恐有孤儿在"。

到底在与不在？信则有。

程婴的悲伤，隐痛难言

盂县为古仇犹国。仇犹，狄人所建之国。与晋国时战时和，关系复杂，疆界交错。传说，此地有赵氏封地，赵盾曾为仇犹大夫。所以，赵氏遭难之后，盂县也就成了赵盾之孙、赵氏孤儿的藏匿地。虽然如此，此事亦不能为人所知，藏山山高林密，洞窟幽深，人所罕至，程婴携赵孤才能安然度过15年。

藏山，两座山峰相对峭立，下有深谷，有如盂形，所以古代也称"盂山"。沿山谷进入，深邃不知前路几许。我去的时候，正是盛夏，满目葱茏，亭台楼阁点缀其间，美景怡人，游客如织。

我们怀着对"忠义藏山"的崇敬来此，但没有一个人能体会到400多年前顾炎武的心境，更遑论能体会到2000多年前程婴的感受。即或山里那些或精美或宏大的古建筑，也大多是明清时期的遗存，事实上，它们和我们一样，对那段历史都是道听途说，尽管是以程婴等人的名义修建，也安奉着程婴等人的牌位。

我一直相信，每个地方都有它独特的气质。但如果以普通游客的态度游览，仅仅是行走、拍照，就始终和它有着隔阂。必得触摸

绿意盎然的藏山

那一砖一瓦、一草一木，用整个的精神去进入历史场景。即使知道故事未必真实。但千百年来，所有笃信它真实的人，已经在这儿留下足够多的精神印记，让后来的人能穿越回2000多年前，复现那个历史场景。

我们也许会看到一个悲伤的程婴。

《赵氏孤儿》是个传统的忠奸相斗，最后正义得到伸张的故事——沉冤得雪、奸臣被惩、赵氏复立，但相较于类似的故事，"赵氏孤儿"从始至终弥漫着一股悲情。

故事里，程婴是赵朔的朋友。赵家遭难，程婴眼睁睁地看着好友殒命，合族被屠。这种无力感落在任何人身上，都会是个巨大的冲击。但如果仅止于此的话，这种悲伤随着岁月流逝将会慢慢变淡，变成逢年过节祭奠时的三杯两盏淡酒。然而，不幸中的万幸，程婴居然得知赵朔还有子嗣留下来，朋友之义就会成为抚养遗孤的天然责任。

赵家的仇人当然不愿意留下隐患，发动搜捕，不得结果不会罢休。这时，赵朔的门客公孙杵臼想了个办法，准备用其他小孩儿顶替赵武——为使得程婴一方具有正义性，在之后的传说中，都说孩子是程婴的，否则，其他人的孩子也是无辜的，为什么要替人去死？然而需要一个合理的借口将孩子送到仇家面前。

公孙杵臼问程婴："让赵氏复立和去死哪个更难？"程婴说："让赵氏复立。"公孙杵臼说："主君对你不薄，你应该做难的事，我来做简单的吧。"两人商议后决定,由程婴去告发公孙杵臼,李代桃僵借此脱身,隐姓埋名抚养赵武成长,然后助赵氏复兴。

事情果然如他们所计划的那样,公孙杵臼牺牲了自己,保全了程婴和赵武。而在得到了假的赵武之后,敌人掀起的风波暂时平息。程婴得以有安全的环境抚养真正的赵氏孤儿。

先秦士人重义轻生,尚名节。主君身死,门客故友往往追随而死。信陵君窃符救赵,出发时,为他制订计划的侯嬴自刎而死以安其心;田横归汉,他的五百门客虽然远在海外,听闻主君身死,全部自刎相伴。他们轻视苟且地活着,宁愿高尚地死去。赵朔和程婴,亦君亦友。在下宫之难后,公孙杵臼就问过程婴为何不死?程婴答,主君的夫人怀有身孕,如果是男孩,说明天不亡赵氏;如果是女孩,再死也不迟。公孙杵臼于是知道了程婴的大志向,这才心甘情愿地主动赴死。

程婴虽然活了下来,但事实上于他自己而言,比死更加痛苦。他丢弃了士人最珍视也是最重要的名节。整整15年,他在世人眼里,就是一个苟且偷生出卖故主朋友的卑鄙小人。他的隐居,更像是难以立足世间的逃避。整整15年,目送主君身殒、朋友赴死的无力感和愧疚感日日啃噬着他,肩负赵家深仇大恨和复兴大业的责任感日日压迫着他。而这一切,又无从发泄、无人可诉,甚至,他要把这一切都隐藏起来,像一个普通的父亲那样,让一个懵懂无知的孩子健康长大。他并非权贵，赵氏能否复立，希望也很渺茫。现在想来，这15年间，他心中充满忧虑，害怕孩子不能长大，害怕被仇人加害，害怕冤仇不得报，害怕赵氏复兴成空。他看着渐渐长大的赵武，要怎么才能掩藏眼中的悲伤呢？

  古代和现代，都有很多文艺作品演绎过这段故事。我认为陈凯歌导演的电影《赵氏孤儿》是最能表现故事意蕴的——选取以喜剧出名的演员为程婴的扮演者，却更好地表现出了人物眼底深处的悲伤，而不仅仅是忠心报主的大义凛然。

  程婴和赵氏孤儿隐居于藏山时，常躲身于山间的深洞里。现在被称为藏身洞，又称藏孤处，在藏山西侧山腰处，为天然钟乳石岩洞，洞中套洞，大小相连，幽深僻静。就算是白天进去，也让人觉

别有洞天的藏山山洞

得昏暗阴冷。也许相比于山下富丽的庙宇，这儿才应该是后人瞻仰之处。身处洞中，不见天日，当黑暗渐渐包裹上来，慢慢就会品味到程婴的孤寂和哀痛。

赵孤的悲伤，大势难阻

下宫之难后15年，晋景公病。求卜，得知是他让对晋国立过大功勋的先贤绝嗣的缘故。韩厥乘机劝诫，这不就是指赵氏吗？赵家自从文侯开始侍奉晋国先君，一直到晋成公，功劳卓著，却被您所灭亡。现在占卜的结果如此，说明有天意警示啊。晋景公问，那赵家还有后嗣吗？韩厥说似乎有个孤儿藏匿于民间。晋景公就把赵武

接进宫中和群臣相见。群臣把一切都推到奸臣屠岸贾身上。程婴和赵武率人灭杀了屠岸贾一族，也拿回了赵家原来的田地、封邑。赵氏复兴。

又过了几年，赵武冠礼之后（意味着成人），程婴前来告别，说，本来在下宫之难时我就应该像大家一样死去。就是因为我想帮您复立赵氏，所以才没有去死。今天赵氏复立，我得去地下告诉赵朔和公孙杵臼了。赵武当然不同意，哭着请求。程婴说，他们先我去死，就是相信我能做成这件事，如果现在我还不死，他们会认为我没办成事呢。于是就自杀了。

那一天，程婴终于从15年的绝望、孤寂、痛苦、羞愧中解脱出来，他的人生圆满了，他用他的生命和气节诠释了伟大的士人精神。他甚至可以确信，他的肉身虽然死去，但他的声名将从此百代不朽。不是吗？2000年后，顾炎武说："自古三晋多义士，程婴公孙杵臼无其伦。"而每到危亡之时，他救孤存赵的事迹，就愈发凸显。宋末，文天祥出使元朝，被扣在无锡。为防人劫夺，元人不许他下船，而无锡百姓不顾元兵阻挠，持香跪送。当此之时，感百姓之望，念兴复之难，能给文天祥力量的还是程婴。"夜读程婴存赵事，一回惆怅一沾巾。"

就这样，程婴在平静和喜乐中走向人生终点，但却给赵武留下了巨大的悲伤。

赵武的人生可以截然分为几个阶段。15岁前，他随程婴隐匿于山中（或如《左传》中说藏于宫中），而不能以赵氏子身份光明正大地出现在人前。甚至，为他的安全起见，程婴未必会将真实身世告诉他。他像民间普通人家的孩子一样，学习，成长，最大的理想是成为晋国某位卿大夫的家臣。他也许会奇怪，他的"父亲"程婴明明很有才华，似乎有无穷的本领教他，却选择在乡野度日。但孩子的思维总是单纯的，想不出来也就算了。总之，他15岁以前的人生平凡却不乏快乐。直到有一天，程婴告诉他，他是位"落难的王子"，他出身于晋国顶级的贵族赵氏家族，他的母亲是公主，他的曾祖、祖父、父亲都是执掌晋国国政的正卿。他的家族蒙冤受害，他是唯一的幸存者。现在，复仇的时机到了，他必须拿起剑，用仇人的血去洗刷仇恨和屈辱。

赵武习文练武，当然有想过疆场杀敌，但那似乎很遥远。想不到，这一天猝不及防地就摆在了自己面前。而更超出他想象的是，养育了他15年的人不是他的父亲，而是他父亲的朋友、家臣。这个人教给了他很多，现在，让他去杀人。

任何一个正常的人，面临着这样的巨变，都不可避免地会陷入一种复杂的情绪，惊慌、兴奋、彷徨以及恐惧。但形势不会容他思考太久。《史记·赵世家》记载："程婴、赵武攻屠岸贾，灭其族。"

将赵武的名字列后，已经是历史最大的温柔。它也不愿意让一

尘烟里的故园

藏山祠

个15岁的少年第一次正式出场时,就双手沾满鲜血。但是,作为赵家的继承人,他必须亲眼看到仇人倒在他脚下,他也必须亲身去经历、去体会政治斗争就是如此残酷。要知道,他能活下来,实际上是个意外。

沉冤昭雪,仇家倾覆。年轻的赵武在一刹那间,人生会失去方向。他原来努力地学习,是为了跻身大夫群体,那是一个"士"所能攀爬的顶点。但现在,他发现他的努力并没有什么意义,他天生就是他们中的一个,甚至更加高贵。只需要静待时日,他就会成为晋国这个天下最强盛的诸侯国里最有权力的人之一。

这时,程婴和他告别,要去泉下陪伴他的父亲赵朔。赵武虽不舍却不能阻止,只好哭泣诀别。程婴死后,赵武服"齐衰"三年。这是第二等的丧礼规格,适用于孙子给祖父母。按照贵族礼法来说,这有些"非礼",赵武作为主君,程婴只是家臣,实在无须如此隆重。但非如此,赵武又如何表达自己的悲伤,又如何回报程婴的恩情?另外,赵武为程婴立祠,春秋祭祀,世代不绝。这个礼遇形成了习惯,在赵氏家族中沿袭,一直到唐朝,河东赵氏祭祀先人,还同时祭祀程婴和公孙杵臼。

赵武的悲伤,固然是痛惜亲近之人的离世,但也许还有他个人的感伤。只是,他的显赫天下可见,但他的悲伤却无人能知,赵武也不敢和人诉说。因为自从程婴死后,再也没有人像对待孩子一样对待他了。他才20岁，就已经成为一方势力的代表。他有很多下属，这些下属非常忠诚，愿意为他去死，但同时他也是他们的支柱，他得让下属们看到他的坚毅和可靠；他有盟友，但他必须向盟友表现出他的成熟，让他们相信，他是个能和他们并肩屹立的人；他有政敌，所以更不能表现出一丁点儿的软弱。他知道，他的软弱不会获得他人的怜悯，反而会招来觊觎或者侵夺，他不能让下宫之难再次发生。所以他不能依靠任何人，甚至他本就是许多人的依靠。在程婴死后的许多年里，他也许会常常想起那个昏暗阴冷的山洞来，那儿比现在高大华美的府邸更令他安心。在那里，程婴会遮挡一切风雨，而他，能够在程婴的羽翼下安稳睡去。

大约在程婴死后30年，赵武成为晋国的正卿，担任了他曾祖、祖父、父亲都担任过的职务。这30年里，晋国国君经历景公、厉公、悼公、平公几个时代，一些煊赫一时的家族如栾氏、郤氏已经败亡，而韩氏、魏氏一些原来的次等家族渐渐兴旺，晋国公族与卿族以及卿族之间的矛盾更加剧烈，而在争斗中，晋国国君的势力日渐萎缩。吴国的贤士延陵季子出使晋国，预测说："晋国之政卒归于赵武子、韩宣子、魏献子之后矣。"

那是一个巨变的时代，所有人都被裹挟在历史的浪潮中。赵武战战兢兢，维持着晋国和赵氏家族的地位。许是因此，他的执政风格相对比较温和。当时的人都认为他身体很柔弱，说话也很迟钝，总之给人一种谦抑而笨拙的感觉,既不像他的曾祖赵衰如"冬日之日"般和煦,也不像他的祖父赵盾如"夏日之日"般炽烈。在国内,他勉力维持着一种表面上的稳定,在"国际"上,他多次主导了诸侯的弭兵大会,争取了暂时的"天下和平"。春秋年间,礼崩乐坏,诸侯侵凌天子,卿士胁迫诸侯,家臣辖制卿士,家国天下的秩序荡然无存,像赵武这样尽量裱糊宗周以来体制的人倒是少数,可以说是逆历史潮流而动,可见赵武的底色还是那个山洞中长大的单纯少年。大夫祁午和他说:"师徒(军队)不顿(劳累),国家不罢(通"疲"),民无谤言,诸侯无怨,天无大灾,子之力也。"这是一个很高的评价,无怪乎赵武死后被谥为"文"。文者,慈惠爱民曰文,愍民惠礼曰文。

扶山之将倾、天之欲覆,始终是件出力不讨好的事情。所以赵武晚年有着强烈的疲累感,多次和身边人说恐怕自己天年不永。自从复立以来,他恢复了赵氏的荣光,维系着晋国的霸业,但这一切到底是不是自己的追求?也许他自己也没有确切的答案。而30多年来,赵武周旋于国君、卿、大夫和其他诸侯之间,虎狼环伺,没有任何一个人可以相信。一般的贵族子弟天生就懂这些,朝秦暮楚不是什么太难选择的事,但赵武毕竟有过15年的民间生活。黎庶百姓那种单纯朴素的道德观念,尤其是程婴高尚的德行会给他很大的影响。所以,他是天生的贵族,但也是贵族中的异类,和贵族圈子必然有着隔阂、疏离。他的这种不信任感、不安全感是如此强烈，由此成为赵氏家族一个无意识的传统。比如说，他的孙子赵简子在远离晋国统治中心的太原地区，修筑了坚固的晋阳城；比如说，在六卿相争中，赵氏不和任何一个家族牵扯过深，进退都有余地。

赵武死后百年左右，赵、韩、魏三家分晋，赵家亦成为诸侯，这是历史发展的趋势，对于赵氏家族的发展也是一种必然。

这一切，在下宫那个血色的夜晚已经注定，但对任何人而言都是个悲剧。

藏山风光

忠义的悲伤，暗夜慰藉

藏山有文子祠，不知道建于何代，现在有碑可见金大定年间的重修记录，想来也算得上古老了。文子祠内，赵武王侯装扮，座下文武分列；也有报恩祠，供奉着公孙杵臼和程婴，他们在宋朝时因为救孤有功，被封为"忠智侯""成信侯"；还有八义祠，除了公孙杵臼和程婴，其他帮过赵氏孤儿的义士也享受着香火。这些雕塑肃穆而威严，已经是神灵的模样，但这都是后人的想象，我们不会知道他们高坐神台之时内心真正的感受。

恩格斯说，悲剧就是历史的必然要求和这个要求的实际上不可能实现之间的悲剧性冲突。许多年前我学习这个理论时，觉得这句话有种辩证的美感，便常常挂在嘴边。然而现在再看着不食人间烟火的木塑泥胎，对这句话又有了更深的理解。

忠义是我们文化传统里最重要的价值观，当然也是美好的价值观。我们都愿意追求那最高的道德标准，因此并不会多想。

想想吧。赵武忠于晋国，但那个强盛的诸侯已经不可避免地走向衰亡，甚至赵武也算其衰亡推手之一；顾炎武忠于大明，但那个远比晋国强盛的王朝已经成为历史余烬；公孙杵臼忠于赵氏，并率先走上祭坛，然而他的希望却落在遥不可知的未来；程婴也忠于赵氏，但最先做的却是"背叛"赵氏，并守护一个聊胜于无的希望。这是所有忠臣义士的宿命。

这才是忠义所要付出的代价。相比较而言，失去生命真的不算什么。没有人愿意把忠义寄托在虚无缥缈的可能上，但没有更好的办法，大多数时候，忠义就是绝望中唯一的支撑，也只有这种绝望中的忠义，才更显示出忠义真正的价值来。

从幽暗的祠宇中走出来，夏日炽烈的阳光充满世界。藏山奇花异草竞相开放，峭壁悬崖云霭升腾，我急切地走进藏山的山水中，涧水峡潭、林海松涛的美景要比那些久远的故事有吸引力得多，或者说，更轻松得多。

庇护赵武成长的世外桃源

山西杏花村汾酒

有酒方成宴,无汾不欢席

万里银装缀早春,
四方结队学汾珍。
三杯竹叶驰名久,
五好杏花天下闻。
——食品科技和工业发酵与酿造技术的先驱者、酒界泰斗秦含章

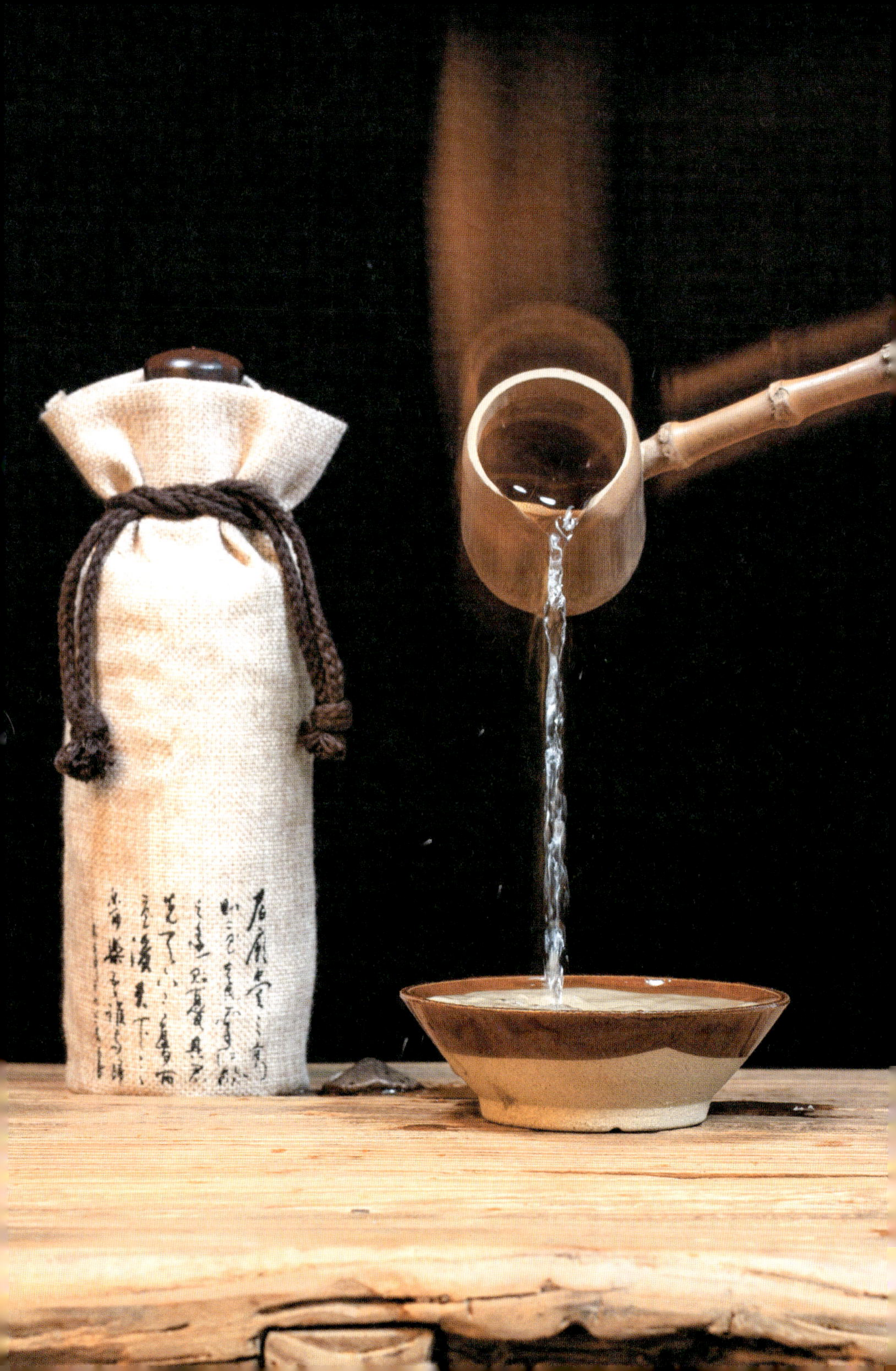

1949年10月1日，中华人民共和国开国大典。

中央人民政府主席毛泽东发布《开国公告》，向世界庄严宣告了新中国的成立。在这一刻，中华民族百年来的抗争获得胜利，中华民族百年来的屈辱成为历史，中华民族百年来的期望一朝实现。

九州振奋，四海欢腾。

盛典必有盛宴。当晚，举办了中华人民共和国第一次国宴，中共中央负责人、中国人民解放军高级将领、各民主党派和无党派民主人士、社会各界知名人士、国民党军队的起义将领、少数民族代表，还有工人、农民、解放军代表共600多人出席。席间，周恩来总理、朱德总司令等中央领导人频频举杯致意，来宾纷纷互相道贺。

觥筹交错，满座尽欢。

很多年以后，参加者们还津津乐道，沉醉于国宴的热烈、喜庆中，于是有人好奇地问，开国第一宴，吃的是什么，喝的是什么？他们记忆犹新：

菜是淮扬佳肴，酒为山西陈酿。

千年清名盛

传说，酒诞生于大禹时代。有个叫仪狄的人发明了酒，并献给了大禹。大禹饮后，觉得非常甘美，但也因此疏远了仪狄。并说，后世肯定会有人因为酒而亡国——因为酒太美好了，人们就会沉迷于酒。

不过，考古发现证明酒的诞生要远远早于大禹时代。河南贾湖遗址是新石器早期文化，距今大约9000年。贾湖遗址出土的陶器碎片上有一些沉淀物，化验结果发现它的化学成分和现代稻米、米酒、葡萄酒、葡萄丹宁酸以及古代和现代草药的残留物化学成分相同。另外，沉淀物里还包含有山楂和蜂蜜的化学成分，证明陶器中存放过以稻米、蜂蜜和水果为原料调和加工而成的饮料，那是中国最古老的"酒"了。而在陕西省宝鸡市出土的3000多年前的一处墓葬里，考古学家发现了一件密封的青铜卣，里面还有液体在晃动。卣是盛酒器，考古学家判定里面必是酒。那就是中国发现的最早"酒液"。

山西是中华文明的发祥地之一，上古尧、舜、禹三代圣王都在此建都，是文明肇始、人文初兴之地，酒文化自然源远流长。1982年，杏花村遗址在汾阳杏花镇东堡村被发现，出土文物中有一件小口尖底瓮，是我国发现的最早酿酒容器，把我国用谷物酿酒的时间提前到6000多年前。学者说，该瓮鼓腹短颈，腹侧有双耳，甲骨文、金文之"酒"字正取自其形。杏花村遗址横跨仰韶、龙山、夏商周几个考古文化期，小口尖底瓮属于仰韶文化时期，而龙山文化时期的遗存发现了大量壶、尊、杯、甑等酒器，商周文化时期则出现了大量青铜酒器，尤其以一件玄纹铜爵最为珍贵。

这些出土文物同时也证明了山西酿酒技艺的悠久。

《淮南子》中讲了一个小故事，战国时期，鲁、赵两国向楚国献酒，"鲁酒薄而赵酒厚"。所谓酒的"薄""厚"是指酒味的浓淡或度数的高低，酿酒技术高，就可使酒"厚"，反之则"薄"。楚国主酒吏向赵国索贿不成，就将鲁赵两国的酒替换了，并说赵国向楚王献薄酒，是大不敬。楚王非常恼火，因此兵围邯郸。这个故事也许是杜撰，但赵国酒厚应该是当时人的公论。

如此发展数百年后，北魏时高阳太守贾思勰著《齐民要术》，在这个我国第一部农业百科全书里，专门记载了"河东神曲方""河东颐白酒法"，说以此法做的酒"酒味轻香""酒气香美"。

酒的发明者，前曰仪狄，但也有说杜康的。杜康故里在今天河南洛阳。而在此时，河东的酒酿造技艺竟然反向传播到了酒的诞生地。北魏时河东郡有位名叫刘堕的酿酒大师，远近闻名。郦道元的《水经注》，是本地理著作，但在书中也记录了些风土人情，并用不小的篇幅描述了这位刘堕：

西周酒器晋侯鸟尊（仿）意境图

民有姓刘名堕者，宿擅工酿，采挹河流，酿成芳酎，悬食同枯枝之年，排于桑落之辰，故酒得其名矣。然香醑之色，清白若涤浆焉。别调氛氲，不与它同。兰薰麝越，自成馨逸。方土之贡选，最佳酌矣。自王公庶友，牵拂相招者，每云："索郎有顾，思同旅语。"索郎，反语为桑落也，更为籍征之隽句、中书之英谈。

（大意：有个叫刘堕的百姓，擅长酿酒，酒气芳香，能够存放很长时间，然后在桑叶凋落的时候再打开，所以名叫"桑落"。这美酒颜色清白好像淘米的水，气味也与其他酒不同，好像兰花，又好像麝香，自成芳馨，是当地选择贡品时最好的佳酿。从王公贵族到庶人百姓，相互邀请饮宴时，都说"索郎很想你，想和你一起说说话"——将"桑落"两字韵母互换，就是"索郎"，这是魏晋时人喜欢的文字游戏——这成为书籍中的佳句、文士的美谈。）

从古至今，京城总是汇集天下珍稀工巧之所在。这位刘堕可能就迁居到了洛阳。杨衒之的《洛阳伽蓝记》是本追记洛阳为京师时寺院之盛、佛教之昌的著作，刘堕家的美酒肯定给他留下了深刻的印象，于是也留下了重重的一笔：

河东人刘白堕善能酿酒。夏季六月，时暑赫羲，以罂贮酒，曝于日中，经一旬，其酒不动，饮之香美而醉，经月不醒。京师朝贵多出郡登藩，远相饷馈，逾于千里，以其远至，号曰"鹤觞"，亦名"骑驴酒"。永熙年中，南青州刺史毛鸿宾赍酒之藩，逢路贼，盗饮之即醉，皆被擒获，因复名"擒奸酒"。游侠语曰："不畏张弓拔刀，唯畏白堕春醪。"

（大意：河东人刘白堕善于酿酒——应该就是刘堕，或许因其酿的酒颜色清白被称为"白堕"。夏天最热的时候，把酒贮藏在罂中，在烈日下暴晒，十天后酒都没有变化。这酒非常香美，醉了后一个月都醒不了。京城里的贵人在外地做官，这种酒能送到千里之外，号为"鹤觞"，也叫"骑驴酒"。永熙年间，南青州刺史毛鸿宾带着酒上任，被盗贼抢去。盗贼一喝就醉，长睡不醒，都被提住，因而叫"擒奸酒"。游侠说："不害怕张弓拔刀的打斗，就害怕白堕家的春酒一喝不起。"）

为何号"鹤觞"？因为古代酿酒技艺并不成熟，酿好后保存不善就会发酸，但刘堕的酒就可以"千里遗人"，可见河东酒品质之纯。由此而后，山西名酒代出。宋朝窦革在《酒谱》中盘点唐朝的名酒，说："唐人言酒之美者，有河东乾和、蒲东桃博。"而通过杜牧的《清明》诗，我们几乎可以确信，汾阳杏花村已经成为美酒之代称。宋朝张能臣在《酒名记》中记录当时名酒则说"河东太原府玉液，河中府天禄、舜泉，汾州甘露堂，代州金波、琼酥，隰州琼浆"；元朝宋伯仁作《酒小史》，亦载"汾州乾和"之名；明朝时，大名士王世贞著《酒品》，对山西酒赞赏有加，"羊羔酒出汾州孝义等县，白色莹彻，如冰清美，饶有风味"，而"太原酒颇清醇而不甚酽，难醉易醒。余尝取其初熟者，以汾州羊羔剂半，尝之，泻水精杯，不复辨色，清美为天下冠"。而到了清朝，光绪《山西通志》说："桑落，即白堕也。其汾青、玉液、乾和、桃博、羊羔、玉露、金波、琼浆、襄陵，亦称佳酿。今惟桑落出太原，乾和出平阳，玉露出洪洞，其名仅存。而汾、潞之火酒盛行于世。"

火酒就是蒸馏酒，民间俗称烧酒。清中期《随园食单》评点天下烧酒：

既吃烧酒，以狠为佳。汾酒乃烧酒之至狠者。余谓烧酒者，人中之光棍，县中之酷吏也。打擂台，非光棍不可；除盗贼，非酷吏不可；驱风寒，消积滞，非烧酒不可。汾酒之下，山东膏梁烧次之。能藏至十年，则酒色变绿，上口转甜，亦犹光棍做久，便无火气，殊可交也。常见童二树家泡烧酒十斤，用枸杞四两、苍术二两、巴戟天一两，布扎一月，开瓮甚香。如吃猪头、羊尾、"跳神肉"之类，非烧酒不可。亦各有所宜也。

此外如苏州之女贞、福贞、元燥，宣州之豆酒，通州之枣儿红，俱不入流品，至不堪者，扬州之木瓜也，上口便俗。

金华酒

金酒有绍兴之清无其涩有女贞之甜无此俗亦陈者为佳益金华一路水清之故也

一 山西汾酒

既峻烧酒以狼筋佳汾酒乃烧酒之至狼者余闻烧者人中之光棍县中之酷吏也打硝台非光棍不可益贼非酷吏不可驱风寒消积滞非烧酒不可汾酒下山东青梁烧次之能藏至十年则酒色变绿上口甜亦犹光棍酸久便无火气殊可爱出常昆堂一扁

古籍中的汾酒

蒸馏酒是和发酵酒对应的酒种。制酒原料经过发酵，再在特定的容器、场所放置一定时间后产生的酒液，名为发酵酒；发酵酒经过烤酒设备蒸制，利用酒和水的沸点不同而将两者分离，得到的酒液就是蒸馏酒。中国的蒸馏酒技术一般认为是在元代产生或引进，但也有研究者认为产生自宋金。因多了一道工序，所以蒸馏酒酒液清澈，酒精度数更高，于是渐渐成为饮酒的主流、酒客的最爱。而汾酒酿造技艺最精，《清稗类钞·工艺类》中说："汾酒之制造法与他酒不同，他酒原料下缸，七八日之酝酿，一次过净，酒糟齐出矣。汾酒酝酿最缓，原料下缸后须经四次，历月余，始能完全排出。"

蒸馏酒产生以前，传统的发酵酒杂质较多，酒体浑浊，需过滤后饮用。而酒体的清与浊就成为分辨酒高档与否的标准。经过过滤的称为"清酒"，是高档品，被尊称为"圣人"，简单过滤或不过滤的就是"浊酒"，较为普通，称为"贤人"。从古典诗词中就可以得知二者的区别。出现"清酒"，其意为人生得意，富贵豪奢，比如李白说"金樽清酒斗十千，玉盘珍羞直万钱"，出现"浊酒"，就隐含着人生困苦，境遇不堪，比如杜甫说"艰难苦恨繁霜鬓，潦倒新停浊酒杯"。

且不论是发酵酒还是蒸馏酒，汾酒自古以来就是以清澈、清香著名的。酒界泰斗秦含章说，汾酒酿造，历来选用高粱为原料，以当地优良古井水和地下水为酿造用水。以大麦、豌豆为制曲原料，接种天然微生物群落，分别制曲，混合使用。成品曲有典型的清香和曲香，原料粉碎后，晾堂堆积润糁，发酵（繁殖酵母），然后进入地缸发酵。这是汾酒的典型工艺特点，表现为原料清蒸、辅料清蒸、清茬发酵、清蒸流酒。如此一清到底，所以产品是清香型，闻之略似苹果香。

事实上，汾酒第一次在历史中出现，就是和"清"连在一起的。北齐时神武帝高湛特别喜欢其侄子河南王高孝瑜。高湛有一次在晋阳喝酒喝高兴了，想起了远在邺城的侄儿，就手敕高孝瑜："吾饮汾清二杯，劝汝于邺酌两杯。"在大部分都是"浊酒"的时候，毫不含糊地以"清"命名，透着汾阳酿酒者的自傲，也是将汾酒作为宫廷用酒的底气。可惜后来，高湛对高孝瑜起了猜疑，在高孝瑜进京谒见时，给他灌了毒酒——希望用的不是"汾清"，如此好酒只应吟风弄月，如何能参与到这些阴私诡诈中？

五洲香飘远

皇家秘闻不是我们关注的重点。从以上的叙述中，我们看到的是一个简明的汾酒发展历程：

距今6000多年前，汾阳的先民就开始造酒；距今2000多年前，汾阳酿酒已经比较成熟；南北朝时，汾酒进入宫廷，皇帝为之倾倒；唐朝时酒名更甚，河东乾和天下闻名，吸引着杜牧慕名探访；宋朝的汾州甘露堂、明朝的羊羔是汾酒不同时期的前身，且都为一时佳酿，而到了清朝，终于有了汾酒之名，并成为蒸馏酒的代表。

袁枚生于康熙五十五年（1716），卒于嘉庆三年（1798），《随园食单》初版刊印于乾隆五十七年（1792）。一般认为史籍所记汾酒之名最早就是此时。但其时汾酒已然被誉为"烧酒之至狠者"，被"性不近酒"的浙江才子袁枚所熟知，可见汾酒有其名要远远早于乾隆晚期，然而历朝山西、汾州方志都未记载。

20世纪80年代，学者们整理刊布了中国第一历史档案馆所藏的乾隆朱批奏折，发现了汾酒更早的信息：

> 查甘省烧酒，向用糜谷、大麦。计其工本，通盘核算，每糜麦一斗，造成烧酒，仅获利银五分。缘利息既微，且民鲜盖藏珍重米谷，是以无庸官禁綦严，而小民自不忍开设。至通行市卖之酒，俱来自山西，名曰汾酒。因来路甚遥，价亦昂贵。惟饶裕之家，始能沽饮；其蓬户小民，虽欲饮而力不胜也。是甘省非产酒之区，向鲜私烧之弊，似可无庸置议。（乾隆二年八月初五日《甘肃巡抚德沛为陈烧酒毋庸严禁以免国法纷纭事奏折》）

酿酒原材料是粮食，而粮食乃是国本，历朝历代非常谨慎，唯恐耗费过甚，影响国计民生。这封奏折应该是在朝廷又一次颁布了严禁"烧锅"的命令后的。不过甘肃巡抚认为当地酿酒利润低，产

酒厂中的一坛坛酒

量少，百姓自然不会酿造，而且市场上卖的主要是山西汾酒，所以在甘肃省"烧酒毋庸严禁"。

迄今为止，这是"汾酒"二字在史籍中最早的"亮相"。当然它现在不是品牌名，是汾阳所产之酒的意思。汾阳的酒产量大——"通行市卖"，价格昂贵——"惟饶裕之家，始能沽饮"。甘肃巡抚认为，朝廷禁烧锅，而我们甘肃"向鲜私烧之弊"，要禁，不如去山西？

山西巡抚可不这么想。乾隆七年（1742）护理山西巡抚严瑞龙上奏：

> 第查晋省烧锅，惟汾州府属为最，四远驰名，所谓汾酒是也。且该属秋收丰稔，粮食充裕，民间烧造，视同世业。若未奉禁止以前所烧之酒，一概禁其售卖，民情恐有未便。（乾隆七年十二月十八日《护理山西巡抚严瑞龙为报地方查禁酒曲及得雪情形奏折》）

严瑞龙认为禁酒之事不太好，"民情恐有未便"，一是因为我们粮食充裕，不怕耗费，二是民间烧造由来已久，已成产业。不问轻重搞一刀切，反而对民生影响甚大。而且又提及汾酒"四远驰名"——皇上，你也不想一个名优特产就此消失吧？

不过，汾酒耗费粮食甚多，汾州一府实难以敷用。乾隆二年

（1737）署理河南巡抚尹会一上奏："凡直隶山陕等省，需用酒曲类皆取资于豫。"乾隆三年（1738）川陕总督查郎阿上奏："（咸阳、朝邑等地的曲坊）伊等并不自己造酒，只踩成曲块发往外省。每年晋豫客商预先持银来陕定造，盈千累万，骡负船装，每年耗费之麦，不下数十万石。"同年署理苏州巡抚许容也上奏："而地方嗜利之人，亦多买麦石，广造以货卖。远商盈千累万，水用船装、陆用车载，贩往北直、山西等处。既耗麦石以踩曲，复耗谷石以烧锅。"

这些地方大员对晋省烧锅尤其是汾酒酿造多有抱怨之意，如查折为"曲坊之禁实有裨于民"，尹折为"请严禁开坊广踩贩曲"，许折为"严禁贩曲宜宽民用"。但这些旧时代的官僚泥古不化，一味盯着粮食的耗费，根本没有意识到汾酒已打造了一个包括原材料提供、产品制造、成品销售和消费的全国性市场，也根本没有意识到这条生产链条上到底有多少小民寄之而生。如果他们能够善加保护、引导，也许中国在那个时候就会出现一个成熟的近代行业。而我们知道，工业——哪怕是手工业——能够创造出比农业更大的财富，也更能推动生产力的发展。

而就在政府有意无意打压、产业自发生长的状态下，汾酒依然"四远驰名"，且随着洪洞大槐树迁民和晋商"汇通天下"的脚步，走遍了十八行省，走到了五洲四海，并将汾酒的酿造技术传播开来，拥有了"中国白酒之祖"的地位，而汾阳杏花村也就成了"中国白酒祖庭"。

汾清酒与粮食

技艺传播广

明初的洪洞大槐树移民持续50年,地域十余省,人数有百万之巨。汾州府地狭人稠,也是重要的迁出地之一,势必有大批汾酒酿酒技师跟随移民队伍将汾酒酿造技艺在各地传播。据说,窖池发酵就是因为汾酒酿酒师在外没有陶缸,只好因陋就简创造出来的新工艺。

晋商更是如此。晋商的掌柜、伙计等驻外行商,规矩是数年不得归家,晋人素来安土重迁,故土情怀甚浓。久别家乡,何物能解乡愁慰乡思?唯汾酒耳。

晋商喝汾酒,首先是自带或在晋商外地商号中购买。然而过去路途遥远,交通不便,运送不易,总有缺乏之时,且货离乡贵,外地的汾酒总是昂贵许多,所以就选择了请酿酒师按汾酒酿造工艺因地制宜当地酿酒。各地的资源、地域、气候等条件都不同,由此竟然制造出各种香型的美酒。如今全国各地名酒与汾酒有深厚渊源的不在少数。

20世纪30年代出版了一套《西南丛书》,其中《贵州经济》册为民国著名经济学家张肖梅所著。书中介绍了汾酒和茅台的关系:"茅台酒之沿革及制造,在清咸丰前,有山西盐商某,来茅台地方,仿照汾酒制法,用小麦为曲药,以高粱为原料,酿制一种烧酒。后经陕西盐商宋某、毛某先后改良制法,以茅台为名,特称茅台酒。"

1958年轻工业出版社出版了由陕西省工业厅编的《西凤酒酿造》一书。书中说："西凤酒产于陕西凤翔、宝鸡一带，以凤翔县柳林镇所产最为著名。"据了解，凤翔县城西街原"昌顺振"作坊在明代万历年间以前就已开业，一说西凤酒过去为山西人所经营，至明代万历以后山西客户陆续返籍，才由当地人开始经营这种酒，以后逐渐发展到各县，故推测西凤酒可能是山西汾酒传来的。

太白酒是陕西仅次于西凤酒的第二大白酒，产于宝鸡市眉县。据《陕西省太白酒厂志》记载：陕西省眉县金渠镇金渠村较早酿制烧酒，是山西人在明清时期开办的"广发号"酿酒作坊，陕西省太白酒厂就是在原"广发号"的基础上演进的。可见太白酒的源头也是山西汾酒。

湖北名酒有汉汾酒，据《武昌府志》载："康熙元年，以高粱为料，作药酿酒，时人亦称汉汾酒。"《武汉地方志》载："本帮所产汾酒，质量稍逊，但优于南酒。"过去武汉有句民谚"黄州的萝卜，莲花湖的藕，樊口的鱼，汉口的酒"，其中"汉口的酒"即指汉汾酒。可见山西汾酒远赴他乡，生根发芽，茁壮成长，已成当地特产。

北京二锅头与山西汾酒也关系紧密。山西的赵氏三兄弟创建的"源昇号"酒坊是二锅头酿酒工艺的发源地。另外，牛栏山镇有个史家口村，距镇上有3公里，传闻其村民先祖是明初山西迁民，以酿酒为生，所产的酒甘洌异常，为牛栏山的特产。这也是牛栏山二锅头的由来。

山西杏花村汾酒，有酒方成宴，无汾不成席。

汾酒工厂酿酒实拍

203

新疆"古城大曲"是西域历史上第一个获"地方名酒"称誉的白酒，对新疆后来的白酒生产起到了重大的作用。它有"水甘、料实、工精、器洁、曲时、窖实"几大酿造秘诀，与山西汾酒的酿造秘诀异曲同工。研究者说，新疆清香型"古城大曲"是清代乾隆二十二年（1757），由山西汾阳杏花村酒师来到奇台县建烧锅，才成为西北边陲著名酒品的。

甚至外地酒会直接冠以"汾"字来标明来源，夸耀正宗，尤其是中华人民共和国成立以后，在政府的倡议下，汾酒的酿造技艺向外输出，出现了一个庞大的"汾酒家族"，如河北的特制汾酒，内蒙古的海浪汾，大连的特制玉汾，黑龙江的龙江汾、镜泊汾、松江汾、景汾、佳汾、龙滨汾、宝清汾、雪花汾、玉泉汾、龙泉汾酒，河南的赊店汾酒、豫南汾酒、古寺汾酒，江苏的小汾酒以及宁夏的汾曲香等。

同时，汾酒的向外传播也是和其他省份酒类交流的一个过程，在此过程中，汾酒取长补短，不断完善酿造技艺，终臻尽善尽美境界。汾酒酿造的秘诀被中国酿酒界奉为圭臬：人必得其精，即酿酒者技艺必须精湛；水必得其甘，即酿酒之水必须洁净甘甜；曲必得其时，即酒曲培育必须依照时令质量才能保证；粮必得其实，即酿酒所用高粱必须饱满坚实；器必得其洁，即酿酒器具必须卫生，避免杂质侵入；缸必得其湿，即酿酒酒缸必须保湿，利于发酵；火必得其缓，即温度必须严格控制，忌剧烈升温降温。依照这些秘诀，汾酒在各种酒类评选中，频频折桂。

1915年，首届巴拿马太平洋万国博览会举办，北洋政府组团参会，展出了我国特有丝绸、白酒、茶叶、瓷器等各类产品，获得各种大奖74项，金牌、银牌、铜牌、名誉奖章、奖状等共1200余枚，在31个参展国中独占鳌头，而汾酒获得了最高奖甲等大奖章。

1928年，南京国民政府召开成立后的第一次中华国货展览会，征集全国22个省、4个特别市的13271件商品，汾酒获得一等奖；1929年，浙江省政府举办西湖博览会。该展会是民国时期规模最大、影响最深远、参会人数最多、参展商品最丰富的商品博览会，汾酒又获得一等奖。

1952年，召开了第一届全国评酒会，从100多种酒中选出8种名酒，其中白酒4种，汾酒赫然在列。自此而后，汾酒在全国评酒会中从未落榜，一直到现在，始终是我国清香型白酒的代表。

另外，参加巴拿马万国博览会的汾酒，是汾阳义泉泳酒坊所产的老白汾。后来，义泉泳酒坊被晋裕汾酒有限公司兼并。1924年，晋裕汾酒公司注册"高粱穗"汾酒商标，是中国白酒业第一枚商标，也可以视为品牌美酒"汾酒"正式诞生的标志。其后，日寇侵略，晋裕公司被迫中断生产。待抗战胜利，又因阎锡山政府苛捐杂税严重而停产。1948年汾阳解放后，人民政府恢复了汾酒生产，成立了公私合营的义泉泳汾酒公司，1949年5月，义泉泳和杏花村晋泉公酒厂、德厚成酿造厂被合并，成立了我国第一家国营的名酒企

义泉泳酒坊与巴拿马奖章

业——国营杏花村汾酒厂。10月，汾酒厂生产的汾酒摆上了开国第一宴的餐桌。

汾酒的历史开始了新的一页。

开坛客尽欢

古希腊神话传说中，酒神是狄俄尼索斯，同时也是掌管欢乐的神。祭祀狄俄尼索斯的仪式是古希腊人早期的狂欢节，人们唱歌跳舞，痛饮美酒，贵族和平民平等地享受欢乐。

人同此理。在中国，酒和欢乐也分不开。汉代焦延寿说："酒为欢伯，除忧来乐。"三国曹操赋诗："何以解忧，唯有杜康。"山西酿酒的技艺产生较早，当然更早发现了酒这个用处。《诗经》中的《国风》篇章采自各地的民歌，其中《唐风》描述了山西地区人民的生活。《唐风》中有一首诗为《山有枢》，其中几句劝告人们及时行乐：

> 子有酒食，何不日鼓瑟？且以喜乐，且以永日。宛其死矣，他人入室。
>
> （大意：有美酒佳肴，何不日日鼓瑟吹笙？就这样追求欢乐，就这样度过人生。不然等你死了，一切都将归了别人。）

这样的诗句，一定是喝了酒才能说得出来。否则不会这样潇洒、达观，还有对无常命运的轻蔑。

这也一定是一首"劝酒歌"，盛大的宴会上，主人拿起美酒，邀请那些矜持的人开怀畅饮，富贵荣华，死后一切成空，为何不用美酒填满空虚呢？所以想想古代那些著名的集会——兰亭集、金谷园集、桃李园集、西园雅集——哪次能少得了酒呢？

这番道理，李白讲得最为透彻：

> 夫天地者，万物之逆旅也。光阴者，百代之过客也。而浮生若梦，为欢几何？古人秉烛夜游，良有以也。况阳春召我以烟景，大块假我以文章。会桃李之芳园，序天伦之乐事。群季俊秀，皆为惠连。吾人咏歌，独惭康乐。幽赏未已，高谈转清。开琼筵以坐花，飞羽觞而醉月。不有佳咏，何伸雅怀？如诗不成，罚依金谷酒数。

千年之后，依然令人神往。

李白是诗仙，也是酒仙。他写过很多诗，但他喝的酒大概比写的诗更多。他说但愿长醉不复醒，但在很多年之后，他还是会记得他交过的朋友，参加过的聚会，还有喝过的酒。

天宝十二年（753），李白计划再游山西。突然就想起了十几年前他的第一次并州之行，是元演——他现在任谯郡参军的好友——邀请他去的。于是李白就欣然前往。

晋阳离汾州不远，汾州有好酒，李白岂可不至？听说又有学问、又有才华的李学士来了，汾州人也很欢迎，还要向他请教。当地有块郭君碑（现收藏在汾阳太符观中），那是唐朝初年一位将军的墓碑，他姓郭，名彝，字士论。对李白来说是百年前的古人了，碑已漫灭难识，人们想请李白释读一下。但李白来到汾州，是为品尝美酒啊。于是他喝饱了美酒，才来细细看着郭君碑。然而，这碑文怎么就越来越模糊了呢？李白醉眼蒙眬地想……

元演的父亲当时是太原府的长官，位高权重，很热情周到地接待了儿子的这位天才朋友，请来了文人雅士作陪，请来了歌姬舞伎助兴，让李白十几年后还如在目前：

君家严君勇貔虎，作尹并州遏戎虏。
五月相呼渡太行，摧轮不道羊肠苦。
行来北凉岁月深，感君贵义轻黄金。
琼杯绮食青玉案，使我醉饱无归心。
时时出向城西曲，晋祠流水如碧玉。
浮舟弄水箫鼓鸣，微波龙鳞莎草绿。
兴来携妓恣经过，其若杨花似雪何！
红妆欲醉宜斜日，百尺清潭写翠娥。
翠娥婵娟初月辉，美人更唱舞罗衣。
清风吹歌入空去，歌曲自绕行云飞。

唐代黑釉双系短流壶意境图

李白又醉了。醉在了汾州清冽的乾和美酒，醉在了碧绿的晋祠流水，醉在了悠扬的美人歌声。

文人雅士的聚会总是这样，要有风花雪月，还要有诗词歌赋，更要有酒。酒里面是他们的才华，是他们的抱负，他们感慨着天地生死，叹息着进退穷达。他们在微醺中写下悲伤的词句，然后欢快地向朋友展示。

李白之后千年，康熙四十六年（1707），诗坛盟主、吏部尚书宋荦即将致仕，他组织了一次"诗会"，邀请了陈廷敬、徐夔、蒋廷锡等一时才子名士19人。宋荦世代好酒，其父日饮一斤，自己嗜酒如命，所以当日来客都是能诗好酒者，宴上唯一摆放的白酒就是汾酒，很多人将汾酒写进了诗中，如宋荦就写道"滦鲤登盘美，汾酒开瓶馥"，其子宋至也写道"斗箸俄已空，汾酒行无算"。集会后，宋荦把诸人吟咏收进自己诗集《西陂类稿》。而这些诞生在此时的诗作，应是"汾酒"之名在古代典籍中最早的展现。

诗人们一瓶一瓶地喝着汾酒，一首一首地写着诗，一次一次地恭维着70多岁的老天官，说这是一次能和苏东坡西园雅集相比的盛会。福建诗人林佶写得最为精妙：

人中麟凤文中虎，霞蔚云蒸聚此都。
岁序峥嵘忽已晚，风尘荏苒孰相娱。

汾香沧辣频开瓮，滦鲤菜鸡更饫厨。

促席从公谈旧事，新诗传与后人图。

他相信，他们的集会，文华荟萃，诗酒风流，必将令后世羡慕追思，也画出一幅《西园雅集图》那样传世的名作。

俗人的聚会自然不是这样。酒就是酒，他们只会说：都在酒里了。

"商人重利轻别离"，他们应该是最俗的人了吧。明清时期，晋商把生意做到了全天下，于是晋商也走到了天涯海角。他们的宴会上或许没有吟诗作对，但一定有酒。

大年三十晚上，从蒙古的乌兰巴托到泰国的曼谷，从俄罗斯的莫斯科到日本的京都，晋商的商号早早合上了门板，门口的红对联和红灯笼告诉本地人，中国人这一天不营业，他们要"过年"。

在商号后院，掌柜的带着伙计们拜过了关老爷，拜过了祖先，然后依次落座。一道道的菜流水一样端了上来，山珍海味齐全，更少不了山西的特色菜。掌柜的拎起一坛酒，"啪"的一声敲碎了泥封，朗声道："纵横欧亚九万里，称雄商界数百年。这是我晋商的气魄，也是我们的功绩。只是辛苦了大家，抛家舍业去国万里。可谁没有父母妻儿，谁没有故土老家？平日里这些情绪不许冒头影响生意，但今天过年，百无禁忌。来，来，把这老白汾都给大家满上，喝喝老家的酒，一杯解乡愁！"

马上，这顿异国他乡的年夜饭就热闹起来。随着一杯杯汾酒的下肚，浇灭了一年的辛苦，勾起了万里的乡情。你说着老屋的炊烟，他说着孩子的笑靥；你说着来日的宏图，他说着要娶的新娘。一杯一杯，渐渐地有人就醉了，嘴里喃喃地都是山西的方言，也有人越醉越兴奋，站起身来，就要给大家唱段晋剧，一嗓子吼得众人连连叫好，就好像围在了老家庙里的戏台。

掌柜的反倒是沉默下来，独自倒上一杯酒，轻轻抿上一口，清醇的汾酒直入肺腑，不知品出了什么滋味。

这是我的想象，但也类似我无数次见到过的场景。在小时候的记忆里，不管是家庭聚餐，还是红白宴席，桌子上总有那一瓶汾酒。黄色的盖子，敦实的瓶子，清澈得好像没有酒一样。它们当然不是宴会的主角，但没有哪一次能忘得了它。一直到现在，酒价已经飞上了天，而二三十元、三四十元的正宗汾酒总是不缺的，而且不论你掏多少钱，只要买的是汾酒，你都能喝到同价位里最好的酒。20世纪90年代，汾酒的定位就是要做老百姓喝得起的酒。酒友们说是"良心酒""口粮酒"。虽然说，现在高端化是种市场选择，但汾酒未尝有一日忘了初心。

只求世上人常乐，唯愿天下樽不空。

山西老陈醋

人生百味一缸融

我国之醋最著名者,首推山西醋与镇江醋。镇江醋酽而带药气,较山西醋稍逊一筹,盖上等山西醋之色泽、气味皆因陈放长久,醋之醋身起化学作用而生成,初非人工而伪制,不愧为我国名产。

——中国微生物学奠基人方心芳《山西醋》

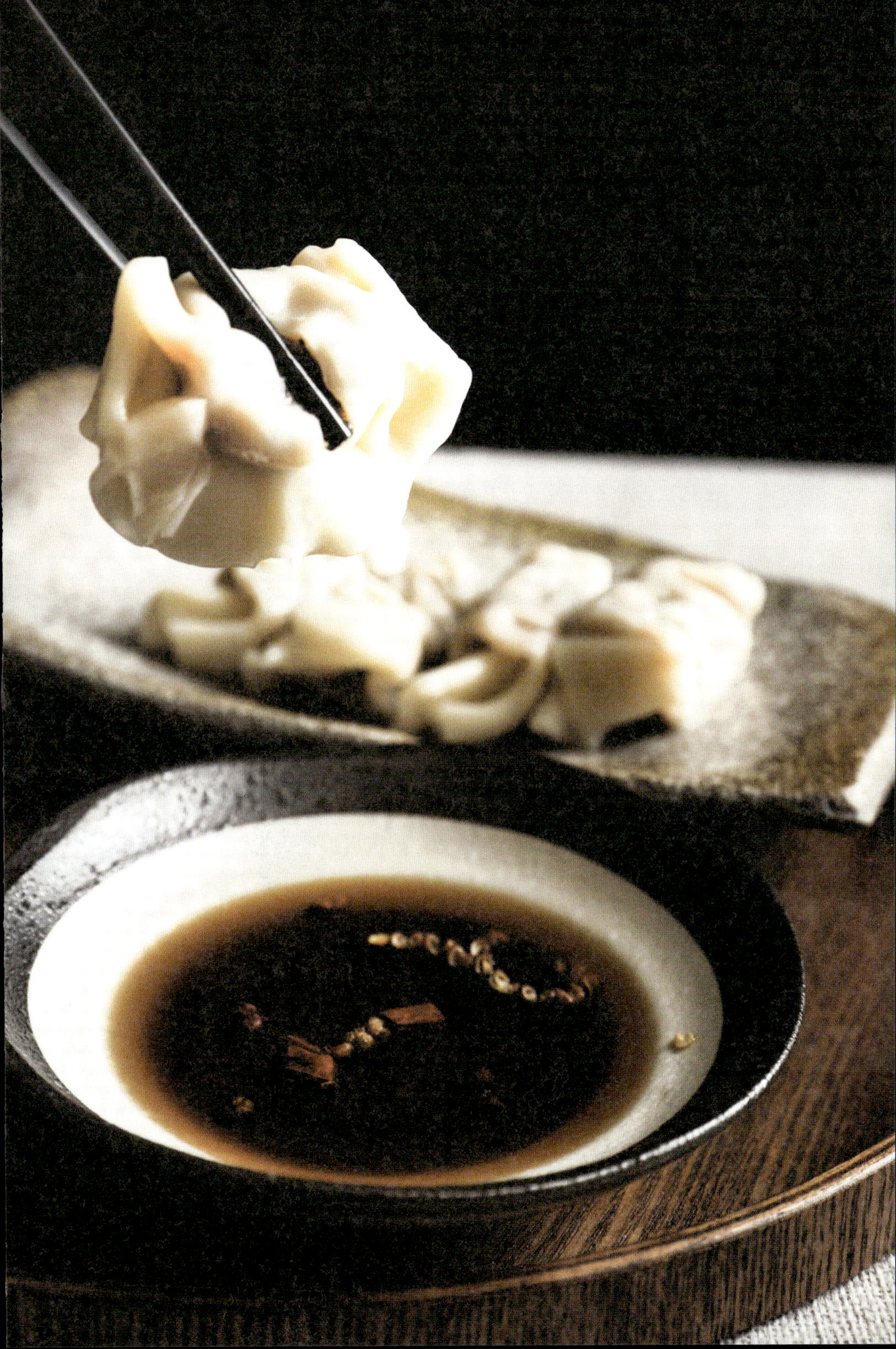

"腊八祭灶，新年快到，闺女要花，小子要炮，老妈子吃着桂花糕，老头子戴着新毡帽。"

一到腊月初八，中国人最隆重的节日——春节就开始了。街上卖对联、年画、灯笼的渐渐多了起来，一片火红的颜色，满是年的味道。

在山西，年的味道首先是酸的。

太原市五一路和桥头街交会处是本市一处闹市所在，附近有条小巷子叫宁化府巷。逢到腊八，太原远远近近的人都要来这里买醋。俗话说"酒香不怕巷子深"，事实上更不怕巷子深的是醋。哪怕是外地人，也完全不用打听宁化府在哪里，一过五一广场，闻着醋味就能找到它。

宁化府的醋味一年四季飘散，腊月里更加浓郁。腊八这天，买醋的人拎着大大的壶排成了长队，弯弯曲曲一直要绕到巷子外边去。

太原的老年俗，腊八要泡腊八蒜。泡腊八蒜，必须用本地的醋。

泡好腊八蒜，蒜醋汁用来蘸大年夜的饺子。

大年三十的规矩多，收拾家、贴对联、放鞭炮，连拧开盛放腊八蒜的瓶子都充满了仪式感：夹出几粒青绿的蒜，倒上一小碟深褐色的蒜醋汁，旁边摆上刚从锅里捞出来的白白胖胖的冒热气的饺子，还要倒上一杯清冽的老白汾——这就是山西人的年。

醋的酸，蒜的辣，饺子的麦香、肉味，混合在一起，这就是山西年的味道，也是烟火人间的味道。

醋里满是历史的味道

宁化府本来是条巷子，去那儿除了买醋没别的事儿，久而久之，人们就把那儿卖的醋叫作宁化府的醋。

但再早些，宁化府本来也不是条巷子，也不是醋的作坊，它是座王府。

明初分封藩王，朱元璋第三子朱棡被封为晋王，藩所在太原。朱棡有七子，第五子叫朱济焕，永乐二年（1404）封为宁化王。朱棡和他父亲朱元璋都病逝于洪武三十一年（1398）。建文元年（1399），燕王朱棣因建文帝朱允炆削藩，随即发动靖难之役，并于建文四年（1402）篡位成功。永乐年间，朱棣对晋藩颇有防范，故意纵容甚至挑唆晋王一系内讧。朱济焕受到牵连，被继任晋王打压，一度身陷囹圄，衣食无着，直到宣宗时日子才好过了些。明朝严厉的宗室政策之下，王爷们不敢对政治有一点儿想法，但人总是要有点儿事干的，所以朱家出了很多音乐家、书画家、收藏家或刻书家。也许和朱济焕曾经的困顿经历有关，和宁化王府联系到一起的是最寻常不过的醋——但也无法说他是美食家。

朱济焕因早年间眷恋晋王不愿去封地，便将王府修在晋王府旁。原来地面上有座醋坊，是席家人开的"一元庆"。朱济焕修建王府时，把一元庆圈了进来，席家人变成了王府管事，醋坊也变成王府制醋、酿酒、磨面的王府作坊，改名叫"益源庆"。益源庆的醋品质优良，是宁化王府的特产，成为历代宁化王府进贡皇室、结交亲友的优选。

明亡清兴，乾坤倒覆。昔日的龙子龙孙不幸被清廷捕获，身死命陨，偶有幸运的苟全性命，也只能落入红尘成了庶人黔首。曾经巍峨的晋王府连同宁化王府，有一晚也莫名被烧为白地。宁化王府的后人没有了天生的富贵，得操心生计了。科考做官是不敢想的，只能做点儿小生意。他们召集了些益源庆的掌柜、伙计，恢复了醋坊，用过去王府的名头来招揽生意，还请大名士傅山题了词，名为"宫廷御醋，世代相酢"。傅山和宁化王府渊源颇深，他曾祖父傅朝宣是王府的仪宾。

有王府作坊精湛工艺的底子，又有名家的宣传效应，益源庆发展得非常快，朱家的这些落难贵族又有了一个铁饭碗。益源庆现在还收藏着一件嘉庆二十二年（1817）铸造的蒸料铁甑，刻有铭文，

醋坛子

里面明确说当时益源庆日产醋300余斤,是当时山西最大的醋坊。道光年间,益源庆在江苏镇江开设了分号"南益源庆"。镇江产的香醋也是全国名醋之一,益源庆居然能在镇江扎根,可见品质之佳。到了民国时期,益源庆更加流行,阎锡山和他的高级干部等权贵大官、晋剧名伶丁果仙等社会名流都指定要吃益源庆的醋,被称为"官礼陈醋",伙计们一篓一篓地常年往大宅子里送。上有所好,下必胜之,由此,益源庆的醋在民间广受欢迎——和长官、贵人们吃一样的醋,怎么说也是件有面子的事儿吧。

益源庆的醋本来是王府特产、官邸专供、皇家贡品,这下子"飞入寻常百姓家",老太原人祖祖辈辈都吃这儿的醋,成为习惯,成为传统,成为日常的生活。宁化府的朱家后人靠这个买卖衣食无忧又过了300年。抗日战争后期,朱家出了个不肖子孙,抽鸦片祸祸了家产,将益源庆出让给他人。不几年中华人民共和国成立,几十年的风风雨雨,益源庆几经变易改制,1999年3月登记成立为太原市宁化府益源庆醋业有限公司。直到今天——字号叫益源庆,百姓却只道宁化府——他们索性都用上了,现在卖出的醋壶上大大地写着"宁化府"三个字,既顺民意,也标识着700年的历史。

700年来,这一壶醋见过了王府的繁华,见过了百姓的平淡;见过了显宦的富贵,见过了名伶的风华;见过了人间的离乱,见过了盛世的康宁。白云苍狗,世事迁移,这一壶醋里满是历史的味道。

醋里都是生活的味道

传说中,杜康造酒,其子黑塔跟着父亲学习酿酒技术,他觉得酒糟扔掉可惜,就添水后存在缸里。一时忙乱他竟忘了,一放就是21天,等到再想起时打开一看,缸中液体清香扑鼻、酸甜可口,这就有了醋的诞生。

虽然是传说,但说出了酒和醋的关系。酒醋同源,醋比酒多了一道工序。据说,酒糟加水,放置21天便是醋。"醋"这个字,从酉从昔,将"昔"分解就是"二十一日"。

但是,即或没有酿造的醋,人们对酸味的需求总是存在的。就像最早的酒是水果天然发酵成酒一样,古人想要获取酸味,也会采摘酸性的植物。传说尧发现了蒉荚草可以制造酸性调味品。东汉的应劭解释说:"古太平,蒉荚生于阶,其味酸,王者取之以调味,后以醯醢代之。"而《尚书·说命》中说:"若作和羹,尔惟盐梅。"是说用梅子取酸。

酿造醋产生于何时于史无征,但不会晚于西周。《周礼》是记录西周官制的古代著作,书的作者和成书年代众说纷纭,但都认为其参考了真实的职官制度,是上古政治制度的资料汇编。其中记载了"醯人"这一官职及其机构,职责是:

醋厂实拍师傅酿醋

掌共（通"供"）五齐、七菹凡醯物，以共祭祀之齐菹。
凡醯酱之物，宾客亦如之。王举，则共齐菹醯物六十瓮。共后
及世子之酱齐菹。宾客之礼，共醯五十瓮。凡事，共醯。

（大意：醯人负责供应五齐、七菹等凡用醯调和的食物，以
供给祭祀所需的齐、菹。所欲需要用醯调和的齐、菹以及未调
和醯的酱类都负责供给。款待宾客也这样。王杀牲盛馔，就供
给用醯调和的齐、菹六十瓮；负责供给王后和世子所需的酱类，
以及用醯调和的齐、菹；接待宾客，供给醯物五十瓮；凡有事
需用醯物就负责供给。）

醯，就是醋，亦称为酢，三者皆另有所指，如醯亦指为酱汁，醋为某种酸性植物，也有报答之意。酢则为酬谢。西汉时，三者开始混用，意义同一，都是醋。唐朝时，称醋成为主流，其他两者为人少用。"五齐、七菹"是用醋腌制的泡菜或酸菜，切成条的肉食是"齐"，整颗整株的蔬食是"菹"。这些"醯物"用途广，不仅王室人员日常食用，祭祀神灵祖先、举行宴会招待宾客也少不了。用量亦大，动辄五六十瓮。无怪乎在供应王室饮食的各部门里，"醯人"算是比较庞大的。公室制度模仿王室，宋襄公葬其夫人，陪葬了"醯醢（肉酱）百瓮"。古人事死如生，可见诸侯日常生活中也少不了醋。

古人的调味品比较少，除了盐、酱之外就是醯（即醋），现在我们常用来除膻、提鲜、增香的花椒、茴香等要到汉以后才开始普及，

所以调味首重盐和醋。盐被称为百味之王，醋被称为五味之首，又被称为"食总管"，都是家庭生活的必需品。《论语》里孔子说过一句话，"孰谓微生高直？或乞醯焉，乞诸其邻而与之。"这位叫微生高的人，有人和他求点儿醋，他没有，就和邻居讨要再转手给人家——有就给人，没有就说没有，何必强充好人？所以孔子说微生高不够正直。但这句话从某种程度上可以表明醋的重要性，临吃饭时发现醋没了，哪怕去和别人借点儿也不将就。就好比我们今天炒菜时，油下了锅却发现没葱，也肯定要和邻居拽一根儿的。

山西酿酒较早，由此推断酿醋也不会太晚。前述应劭所谓"王者"（指尧）用来调味的"蓂荚"，产自"古太平"，即今天的临汾一带，被很多人视为山西醋的源头。而有学者推测，春秋末期晋阳城建好之时，应该就有醋的制造了。太原另一家酿醋老字号"美和居"里，保存着一个西汉时期盛醋的陶罐，是古代山西人酿醋的实证。北魏时贾思勰的《齐民要术》里，记载了24种酿醋的方法，其中"大麦酢"由精粮所酿，含酸量高，同时酿造时间长，存放时间也长，由此被学者们认为是陈醋，或至少是陈醋的先声。

醋酿造工艺经过数百年的发展，到了清初顺治年间，老陈醋得以诞生。《太原市志》记载：

> 清源美和居的王来福师傅，在生产实践中不断摸索创新，运用本地的半无烟煤，在制醋的"醋化"与"淋醋"工序之间，

制醋工具与各式醋壶

增加了一道"熏醋"工艺，改陈年白醋为熏醋，延长了醋的生产周期，不仅增进了醋的色泽，充实了醋化过程，而且增加了醋的醇香味道。经过熏醋后的醋，色泽黑紫，清香浓郁，绵酸醇厚。王来福师傅将熏醋后的醋叫作"山西老陈醋"。从此，美和居生产的山西老陈醋便名声大振，闻名全国。美和居作坊也成了显赫一时的大字号。据传，山西老陈醋在当时已作为地方官员进献朝廷的贡品，成为御膳调味佳品。

2008年，美和居老陈醋酿制技艺被列入中国非物质文化遗产名录。美和居所建的"东湖醋园"内，完整地展示了传承300多年的酿醋技艺：首先将高粱等粉碎蒸熟，其次掺入大曲装缸发酵，接着放置炉灶上熏醋，然后淋入温水，浸泡12小时后将醋液盛入缸内，经过夏日暴晒、寒冬冰冻，所谓"夏伏晒，冬捞冰"，逐渐将醋液中的水分析出，最终成为绵柔、醇香的老陈醋。美和居的工作人员说，只有经过这些复杂工序酿造的醋，才是正宗老陈醋，久放不坏，越放越香。

益源庆则介绍，山西老陈醋酿制方法有二，其一是以美和居为代表的前液后固法，其二为目前仅存的益源庆纯粮全固曲法，即在酿造过程中只使用纯粮制作的大曲，也不在成品中添加任何防腐剂和添加剂。酒精发酵过程中使用固态密闭法。此法所酿产品不仅具有前者所酿产品酸香绵甜、久存不变质的特点，更能深层次诠释出将酸香绵甜融为一体的综合品质。

1934年，我国工业微生物学开创者方心芳考察了山西太原、清徐、介休等地的老陈醋生产，并于考察结束后写下《山西醋》一文，其中说道："我国之醋最著名者，首推山西醋与镇江醋。镇江醋酽而带药气，较山西醋稍逊一筹，盖上等山西醋之色泽、气味皆因陈放长久，醋之醋身起化学作用而生成，初非人工而伪制，不愧为我国名产。"

1937年出版的《中国实业志·山西卷》记载，1936年，"（山西）全省酿醋者，共有五十三家，其中以太谷为最多，计十二家，蒲县七家，清源六家，曲沃五家，汾城四家，襄陵、汾阳、新绛各三家，徐沟、翼城、河津、沁县等各二家，祁县、平遥各一家，或附属于酒医作坊，或兼营其他杂货，坊址大多集中于各县城区。"此处"酿醋者"，应该是举其大者，一些比较小的作坊应该未算在内。因为《太原市志》中有记载，早在1924年，清徐当地醋坊就已有40余家，年产量2000吨左右，其中老陈醋近20吨。较为有名的酿醋字号有"聚庆诚""王信成""义和玉""玉顺和""四义长""晋和钰""乾恒太""元集生""裕发源""永泉盛""协和泉""晋和成""义兴隆""吉记""泉记""涌泉裕""宝丰源""日升源"等，除了供本地消费外，还远销京津冀乃至东北地区。

2021年，山西一年的醋产量在80万吨以上，约占全国总产量的五分之一，其中，清徐又是产醋大县，年产量在70万吨以上，且拥有东湖、水塔、美锦、紫林等著名品牌,被称为"中国醋都"。

不惟这些有名的字号、品牌,在山西,过去哪怕是普通百姓家庭,会酿醋、善酿醋的也不在少数。谈婚论嫁的时候,谁家的姑娘能酿一缸好醋,是会被婆家高看一眼的。《中国实业志·山西卷》说:"晋人嗜醋,凡小康之家,皆自酿造,其原料晋北采用高粱,晋南兼用柿子……皆自酿自用,并不以从事买卖为主,间有余醋则向市集出售,设坊专酿之家极少。"《徐沟县志》也说:"治家良妇,凡醋、酱、清酱、豆豉、黄酒及各种渍菜之类,无不自制,且较市者为佳。"山西各地酿醋的时节不同,成为本地特别的风土人情。如大同地区"三月三日造醋醅,十二月八日作腊醋",临汾地区"春分,酿酒、醋",文水、孝义一带"四月初八,具牲醴祀神,妇女作醋,谓为'醋姑姑降祥日',颇重此节"。"醋姑姑",或者叫"醋姑",是山西人所认为的醋神,因酿醋的主要是妇女,醋神当然也是位女神,保佑着山西的主妇们。

自酿醋的习惯一直保持到三四十年前。那时候,物质还是很匮乏,大家钱也不多。开门七件事,柴米油盐酱醋茶。能自己做的绝不会去外面买,柴自己打,米自己种,油自己榨,醋当然也是自己酿。我奶奶就会酿醋。小时候,老家院子里南墙下,总是放着一口缸,缸里面是红褐发亮、深沉不见底的醋。不用掀起上面盖着的木板,也能闻见一阵酸香,虽然迎面扑来,但也不算刺鼻。尤其是太阳热烈的时候,那种味道泛着潮热弥漫在整个院子里。自家如此,

山西老陈醋 人生百味，一缸融

醋与腊八蒜

邻居家也是如此，邻居的邻居家也是如此……让我一直觉得，那就是生活的味道。

醋里含着家乡的味道

山西人善酿醋，根本上缘于山西独特的地理条件。山西黄土深厚，气候干旱，日照充足，昼夜温差较大，特别有利于高粱、大麦、豌豆这些抗旱作物的生长，且能有效促进作物中糖分的生成，以之为原料酿造的醋（以及酒）自然比较优质。

山西人也嗜醋，同样和山西的独特性有关。山西处于黄土高原，土壤碱性大，水质多含矿物质，比较硬，必须用醋以调节酸碱度。同时，山西既然多产高粱、玉米、小麦，也就成为面食之乡，粗粮细粮、主粮杂粮、蒸煮煎烤，山西人用尽各种手段，做出无数花样，面食种类纷纷繁繁不下数百种。在山西，一个人吃着面、就着馍，两样主食一起吃，绝非是相声里的段子，因为对某部分山西人来说，不吃馍相当于没吃饭，面反而成了一道菜；而对另一部分山西人来说，面是"主角"，馒头则是"佐餐甜点"。面食是碳水食物，吃后饱腹感很强，而醋有开胃健脾、帮助消化的功效。山西雁北地区，地近草原大漠，是农耕生活区和游牧生活区交界地带，生活习惯类于牧民，吃肉较多，而醋又能解腥膻去油腻。所以对于山西人来说，醋比任何调料都要紧。

汪曾祺曾经写过一篇散文《五味》，对山西人的嗜醋做了番描述："山西人真能吃醋！几个山西人在北京下饭馆，坐定之后，还没有点菜，先把醋瓶子拿过来，每人喝了三调羹醋。邻座的客人直瞪眼。"汪曾祺是江苏高邮人，许是他觉得很夸张，将这件事当作了文章的开头，估计是想先声夺人炫人耳目。但在山西人看来，这并不是一件值得特意渲染的事——第一勺尝一尝，嗯，还不错，第二勺品一品，就是这个味儿，第三勺开开胃，准备大快朵颐——很合理，是吧？

醋是液体，是饮用品，一般来说应该用"喝"，但山西却说"吃醋"，我想这是把醋这种调味品提到了其他主食的高度。山西人善酿醋，又嗜吃醋，所以外省人戏称山西人为"老醯儿"。这种说法不知源自何时。清末的艺人说评书，《杨家将》里的清官寇准，明明是陕西人，却一口山西腔，还要背个醋葫芦，被称为"寇老醯儿"。民国山西军阀阎锡山，一口五台腔，一副"土财主"形象，也被称为"阎老醯儿"。阎锡山的部下人手一个醋葫芦，在众多军阀部队中独树一帜。据说，红军东征的时候，和阎锡山部队作战时，俘虏了很多人。被俘后，这些人也很听话，缴枪缴得挺痛快，唯独捂着醋葫芦不松手。许多红军都是从南方来的，没见过醋葫芦这东西，更想不到会有人随身带着调料瓶儿，以为是什么秘密武器呢，因此严令他们缴出来，才发现是人畜无害的醋葫芦。俘虏兵们说，没有枪还有命哩，没有醋就没命啦。于是留下了"缴枪不缴醋

离不开的醋葫芦

葫芦"的笑谈。

不过,也有其他故事表明"缴枪不缴醋葫芦"的诞生比这要早得多。或者说在元末明初徐达常遇春北伐和山西元军作战时,或者说是明清晋商行商碰上山贼土匪时,财物兵器迫不得已该舍就舍,这随身的一个醋葫芦却须臾不可离。总之山西人和醋的关系源远流长,浸在血液里,刻在基因上,说"宁可丢了饭担子,不敢扔了醋罐子",还说"有醋能吃糠,无醋饭不香"。

有网络调查说,一个山西人一年要吃掉10斤醋,超过全国平均用量的10倍,而太原人更是以每人每年吃18斤醋的"战绩"冠绝全国。一个人在山西降生,生命中必然不会少了这个味道,在山西有些地方,婴儿"洗三"之时,有吃"开口奶"的习俗,但在吃奶之前,却要先舔一舔醋和其他佐料,意为要他尽尝人生的"酸甜苦辣咸"。

这一点点醋尝在嘴里,就决定了一生的口味,哪怕十年百年,哪怕千里万里。

北京市大兴区朱庄乡周营村,原名绛县营,传闻是明朝永乐年间从山西绛县迁到北京的。尽管已经过了600多年,但这个村还保留着昔日的口味。有村里人说,和山西人一样,我们也爱吃醋。超市里的售货员说,几个村就数你们费醋。而在清朝中晚期,山西人又开始向内蒙古大草原也就是俗称的"口外"移民,背井离乡时,什么最重要？有一句民谣说："铺盖卷卷醋葫芦，为了谋生走西口。"

还有那些旅居省外、海外的山西人，相隔重洋，远在天涯，故乡早已不是旧日的模样，亲朋好友也会渐渐没了音信，只有那一壶醋还在维系着和家乡的联系。腊八那天，在宁化府排队的人中，不乏回来探亲的山西人。有位在国外生活多年的人，他选定每年回国探亲的时间就是腊八左右。到腊八那天，他会和个土生土长的"老太原"一样，排在长长的买醋队伍里，用或许有些生疏的太原话和其他人一起抱怨物价的飞涨，轮到他自己了，他紧紧盯着像悬瀑一样的醋液，就好像要把全部的思念都灌进壶里。五公斤的壶，他打两壶，够一年吃了。然而也不会多打，要留下个来年的念想。然后在异国他乡的每一天，吃饭时放一勺山西的老陈醋。品一品，嗅一嗅，唇齿间，那就是故乡的味道。

醋里飘着俗世的味道

酒醋同源，醋甚至被称为"苦酒"。然而，酒和醋的文化地位却大相径庭。清浊薄厚、美丑优劣，无论什么酒都会出现在文人笔下，数千年来被吟咏不断。醋虽是家居必备，但为之吟诗填词的文人却少之又少。清朝雍乾时杭州著名文士赵信同时也是藏书大家，

阖家欢之饺子与陈醋

他所著的《醯略》是中国目前所知仅有的一部以醋文化为主要内容的古籍。《醯略》中记录了赵信遍搜史籍发现的和醋相关的名句，然而历朝经典散文中只有29条，经典诗词赋中只有38条。赵信大为不忿，慨然而作《醯赋》，成为醋诞生3000多年来唯一的一篇赋，他还和诗友唱和，留下以醋为主题的诗作十余首。

赵信和朋友们的创作，只能说聊补缺憾之一二。酒的文化形象要比醋高扬、洒脱的多，快乐要喝，可以助兴；悲伤也要喝，所谓解忧。喝起酒来，鲸吞海灌，非豪饮不足以逞其怀抱，"三杯通大道，一斗合自然"。而吃醋，却需要"忍"。古人有吃醋吃到吐血的。唐朝任迪简任天德军判官时参加军宴，军吏误把醋当酒倒给他。恰好上司李景略为人严酷，任迪简担心军吏因此受罚，不动声色地喝了许多，竟至吐血。这件事被人所知，将士们非常感动，等到李景略死后，就拥戴他继任。任迪简官至易定节度使，被人称为"呷醋节归"。忍到如此地步，怪不得他能做节度使。北宋名相王曾说，"吃得三斗醇醋，方做得宰相"，其意为"忍受得事也"。明朝王阳明加了码，"鼻吸五斗醋，方可做宰相"。——醋这么好的东西，何必"忍受"？也许是古今工艺不同吧。

有了这些故事、名言，醋的文化形象自然就被败坏。关于醋的故事，最有名的出自《朝野佥载》：

初，兵部尚书任瓌，敕赐宫女二人，皆国色。妻妒，烂二女头发秃尽。太宗闻之，令上宫赍金壶瓶酒赐之，云："饮之立死。瓌三品，合置姬媵。尔后不妒，不须饮；若妒，即饮之。"柳氏拜敕讫，曰："妾与瓌结发夫妻，俱出微贱，更相辅翼，遂致荣官。瓌今多内嬖，诚不如死。"饮尽而卧。然实非鸩也。至夜半睡醒。帝谓瓌曰："其性如此，朕亦当畏之。"因诏二女令别宅安置。

（大意：曾经，兵部尚书任瓌得到皇帝赐的两个宫女，都非常漂亮。他妻子非常嫉妒，把两个宫女的头发都剃光。太宗听说了，就赐了尚书夫人一壶酒说："你把酒喝下去马上就会死。你丈夫官居三品，朝廷规定应该有姬妾。你如果以后不再嫉妒，就不用喝。还要嫉妒的话，就喝了它。"柳氏答："我和他是结发夫妻，出身微贱，互相扶持才有了今天。现在他多了小妾，我还不如去死。"马上就喝了酒睡下。但其实太宗给的不是毒酒。至夜半酒醒。太宗说："她就是这个性格，我也应尊重。"就下诏让两个宫女住到了其他地方。）

这个故事被《隋唐嘉话》照搬，但《隋唐嘉话》中把这个故事归到房玄龄夫妇身上，借助名人效应来使故事传播。奇怪的是，两个故事中都没有说唐太宗赐的到底是什么，但后人解读时一致说是

醋厂一角

醋，从此以后"吃醋"成了"嫉妒"的同义词。于是醋的文化形象就更糟糕了。

也是唐朝开始，贫穷的读书人被称为"醋大"，也作"措大"。唐晚期苏鹗说："醋大者，或有抬肩拱臂，攒眉蹙目，以为姿态，如人食酸醋之貌，故谓之醋大。"唐朝寒门地主登上历史舞台，但六朝门阀余风尚在，这些小门小户的人，自然不如以"五姓七望"为代表的世家大族子弟那么自信、风流，"抬肩拱臂，攒眉蹙目"好像吃了醋一样，入不得世人的眼。但当时，"措大"还是中性的词，唐之后，渐渐完全负面。明朝谢肇淛在《五杂俎》中说："今人以秀才为措大。措者，醋也。盖取寒酸之味。""穷措大"就成为不得志的读书人的贬称，且留下了"强文假醋""酸文假醋""乔文假醋""拿糖做醋""强文浉醋"等一个个讥刺嘲讽的成语。

这对醋是不公平的。饮酒伤身，吃醋养生，这是古人早就知道的知识。南北朝道士、医学家、丹学家陶弘景说："醋酒为用，无所不入，愈久愈良。"明朝李时珍的《本草纲目》里说醋可以"散诸热，治胃气，理经脉，消食"，清人王士雄的《随息居饮食谱》更是总结了醋的医学功效："醋温。开胃，养肝，强筋，暖骨，醒酒，消食，下气，辟邪，解鱼蟹鳞介诸毒。陈久而味厚气香者良。"现代医学也证明，醋能够帮助消化、软化血管、抑菌杀菌、消除疲劳、促进睡眠等，可以说，醋就是家庭健康的守护者，所谓"家有二两醋，不用到药铺"。美和居有几位元老级的老伙计都八九十岁了，眼不聋耳不花，腿脚灵便，头脑清晰，都说得益于常年在醋坊工作。

与文人们的促狭偏见不同，因为醋的这种保健祛病功效，百姓早早赋予了它神性。宋朝《东京梦华录》记载，小儿降生，左邻右舍、亲戚朋友往往送粟米炭醋，以保小儿平安；醋还能驱邪避凶。民间传说，姜子牙是"醋炭神"（有些地方也称"醋坛神"），比玉帝和阎王还有威能，所有凶神恶鬼，一闻到醋味，避之唯恐不及。所以，很多地方有个仪式，叫"打醋炭"（或者叫打醋坛、打醋弹），即把醋泼洒在烧红的热炭上。远行回家、新妇进门，乃至新房落成、店铺开业都要"打醋炭"。这种风俗在山陕非常流行，尤其是过年的时候，摆好香烛供奉祭祀天地诸神和祖先之前，首先要"打醋炭"，酸香升腾，充满整个院落、房屋，边走还要边诵："醋炭神，醋炭神，封神榜上你为尊，今夜除夕来家内，驱逐邪魔离家门。……醋炭有灵，扫除疾病。保佑全家，如意吉庆。"老一辈的说法就是，只有醋炭神姜子牙享用了供奉，诸神才敢落座接受祭祀。

忽地想起，前两年疫情的时候，母亲就曾经在家里"打醋炭"，我一直以为无非是要发挥醋能杀菌的功效，想不到竟然有这么古老的渊源。那酸香，或许是俗世安康的味道吧。

各种粮食原料

后　记

　　很多次，我在飞机上俯瞰山西，平日里觉得大得没边的城市变成大地上的模糊斑块，高楼那样的巨物更是连几毫米的小方块都算不上。我努力去找寻地标性的东西，然而处处是大同小异的起伏的山川，如果没有具备专业的地理知识，恐怕谁都难以辨认。

　　遥远的距离会抹平一切以资区别的细节。空间上是这样，时间上也是这样。毛泽东主席的一首词中写道："人猿相揖别，只几个石头磨过。"上百万年的人类早期历史，也就是这寥寥12个字。这还是蒙昧时代，文明肇始以来也一样。我们把早于我们这个时代的人一概称为古人，却很少意识到古人与古人之间也有着巨大的岁月鸿沟。比如我们觉得三皇五帝的事迹渺茫难知，可2000多年前的古人司马迁也有着同样的苦恼。毕竟对于司马迁来说，三皇五帝已然是两三千年前的往事了。

我们永远无法精准回溯历史，相对能接近历史的是传说、史书或者古迹。但谁都知道，那些或是历史的复述加工，或是历史的一鳞半爪，与真实的历史相去甚远。那么，如何才能接近"真实的历史"？或许只有情感才具备穿越时光的力量。《诗经》诞生于两千年前，然而其中的黍离之悲、家园之思、手足之义、情侣之爱，不是在之后的2000多年里被反复吟咏吗？虽然"今人不见古人月"，但"今月曾经照顾古人"，"今人古人若流水，共看明月皆如此"。不惟"千里共婵娟"，"千年"也可共"婵娟"啊。

诚然，依靠情感当然不足以进行学术研究，却是能从旅游中获得乐趣的方法。尤其是山西，作为中华文明的发祥地之一，名胜古迹是最大特色，然而山川草木、砖瓦木石无知无识，尽管是历史的见证者，却不会告诉我们分毫，只有靠我们自己发现或者体悟。

当我们身处历史现场中，模拟古人的心灵世界，体会古人的喜怒哀乐，这时候你才会发现，一草一木、一砖一瓦都充满了历史的信息，久远的故事再不是发黄史籍里生硬冷冰的文字，那里面有着一个个鲜活的生命，和我们一样，哭过，笑过，迷茫过，挣扎过，失败过，也成功过。

时光如水，从虚空中来，又流向虚空。但终究还是留下了些什么。

图书在版编目(CIP)数据

尘烟里的故园 / 李玉著 . -- 太原：山西教育出版社，2024.5（2024.12重印）
（山西文化记忆 / 杜学文主编）
ISBN 978-7-5703-3888-7

Ⅰ.①尘… Ⅱ.①李… Ⅲ.①地方文化－山西－通俗读物 Ⅳ.① G127.25-49

中国国家版本馆CIP数据核字(2024)第072125号

尘烟里的故园
CHENYAN LI DE GUYUAN

李 玉 著

选题策划	马　宏　狄晓敏
责任编辑	赵婧文
复　　审	郭志强
终　　审	赵　玉
装帧设计	薛　菲
内文设计	陈　晓
印装监制	赵　群
出版发行	山西出版传媒集团·山西教育出版社
地　　址	太原市水西门街馒头巷7号
电　　话	0351-4029801　邮编：030002
印　　装	山西新华印业有限公司
开　　本	890mm×1240mm　1/32
印　　张	8
字　　数	156千字
版　　次	2024年5月第1版　2024年12月山西第3次印刷
书　　号	ISBN 978-7-5703-3888-7
定　　价	69.00元

如发现印装质量问题，影响阅读，请与山西教育出版社联系调换。电话：0351-4729718。